AF366600

Técnicas para la gestión financiera en logística

Luis Carlos Hernández Barrueco

Colección: Biblioteca de logística
Director: David Soler

AURUM 1A. Técnicas para la gestión financiera en logística
1.ª edición, 2016

© 2016, Luis Carlos Hernández Barrueco
© de esta edición, incluido el diseño
de la cubierta, ICG Marge, SL

Edita: Marge Books
Avda. Alcalde Moix, 28 - 08207 Sabadell
(Barcelona)
Tel. 931 429 486 - marge@margebooks.com
www.margebooks.com

Gestión editorial: Hèctor Soler
Edición: Cristina Torres Murillo, Alba Megías
Villanueva, Jorge Baro Olivero
Compaginación: Mercedes Lara
Infografía: Martí Garcés

ISBN: 978-84-16171-12-5
Depósito Legal: B 9451-2016

Procedencia de las ilustraciones:
Archivo y fotografías del autor y:

David Wright, 33a
Intermec, 36
Puerto Seco de Burgos, 18

A mi mujer, Virginia, y a mis hijos, Markel y Heraitz

La excelencia es hacer cosas ordinarias extraordinariamente bien

John W. Gardner (político estadounidense)

Unidades temáticas 

Aurum 1A

Técnicas para la gestión financiera en logística

Aurum 1B

Técnicas para innovar y gestionar proyectos en logística

Aurum 1C

Técnicas de planificación industrial y gestión de existencias

Aurum 1D

Técnicas de cálculo con vehículos y unidades de transporte

Aurum 2E

Técnicas para reducir costos en operativas de transporte

Aurum 2F

Técnicas operativas en almacén

Aurum 2G

Técnicas y fórmulas de estiba de las mercancías

Aurum 2H

Técnicas para reducir costos en operativas especiales

Índice

El autor

Luis Carlos Hernández Barrueco (Vitoria, 1972) es licenciado en Ciencias Políticas por la Universidad del País Vasco. Cursó el Máster en Dirección Logística Integral (CSG), estudios de Comisario de Averías (Colegio Oficial de la Marina Mercante) y posee otros títulos relacionados con la Dirección Logística integral, Calidad, PRL y *Management.*

Tras veinte años de desempeño en el sector logístico, tiene experiencia en todos sus ámbitos, donde ha ocupado puestos de responsabilidad en empresas multinacionales, como jefe de planta en Steco–Allibert, adjunto al director de Operaciones en Norbert Dentressangle, director de Logística y Control de la Producción en Faurecia y responsable de Logística en Levantina y Asociados de Minerales.

El autor también ejerce como profesor de Logística y ha diseñado los campus virtuales *(e-learning)* de diversas escuelas de negocios. Es una figura relevante en la educación 3.0, con el empleo de tecnologías como la realidad aumentada o simuladores, campo donde realizó el primer curso de aprendizaje en línea con Google Glass y Epson Moverio BT200.

Introducción

La logística es un área profesional que engloba el transporte, el almacenaje, la distribución de productos, la planificación industrial y, en ocasiones, incluso las compras y el aprovisionamiento. Sin embargo, es una disciplina difícil de aprender porque apenas existe formación reglada sobre estas áreas (estudios universitarios, ciclos de formación profesional o de capacitación, por ejemplo), de modo que se transmite principalmente a través de seminarios, programas o másteres no estandarizados. Por lo general, esto supone una formación diferente en cada caso y sin un criterio común sobre el contenido necesario que hay que saber para desempeñar una determinada actividad.

Por otro lado, aunque en el aprendizaje de la logística tiene una gran relevancia la práctica, la mayor parte de la formación impartida es teórica, a través de clases magistrales, con lo que no se consigue ofrecer una visión global sobre ella.

Con la motivación de crear una metodología de aprendizaje innovadora en el ámbito logístico, basada en la **microformación,** se ha desarrollado el método AURUM. Esta es una **metodología didáctica,** organizada para dar cohesión a los diferentes y disgregados conocimientos que se precisan para llevar a cabo las distintas funciones logísticas, y así facilitar su aprendizaje mediante una sistemática progresiva. El soporte utilizado es, preferentemente, el aprendizaje visual y físico en el que se emplean, además, las tecnologías de la información y la comunicación.

Metodología AURUM

Los conocimientos sobre logística se pueden aprender y aplicar a través de **las técnicas, las tácticas y las estrategias.** Para el estudio y el perfeccionamiento de un conocimiento es necesario potenciar las técnicas relacionadas con la visión y la práctica. Para ello, hay que apoyarse en una formación que transmita un aprendizaje de estas técnicas y que dé paso a su aplicación conjunta mediante las tácticas apropiadas. Lo que se pretende es adquirir la destreza para su aplicación y llegar a un nuevo nivel: el del pensamiento estratégico, que abre las puertas a la innovación, a la redefinición de procesos y a la mejora de todos los conocimientos adquiridos.

La metodología AURUM se desarrolla en tres fases de aprendizaje y este libro forma parte de la primera fase, la de las técnicas. La segunda fase está destinada a las tácticas, que combinan diferentes técnicas, y la tercera está destinada a las estrategias, donde se aplican los conocimientos adquiridos en una orientación determinada.

A su vez, cada fase se expone a través de áreas de conocimiento agrupadas en torno a tres ejes temáticos:

- Innovación, planificación y gestión en logística.
- Operativas de transporte y almacén.
- Ejecución y medición del servicio.

Esta edición, presentada en forma de **fichas de microformación,** está dedicada al primer eje temático, donde se reúne un compendio de técnicas y fórmulas relacionadas con las siguientes áreas:

- Gestión financiera en logística.
- Innovación y gestión de proyectos.
- Planificación industrial y gestión de existencias.
- Cálculo con vehículos y unidades de transporte intermodal (UTI).

AURUM se plantea como una guía didáctica 3.0 con el apoyo de enlaces (códigos QR) con los que ampliar el conocimiento. En definitiva, AURUM es una metodología desarrollada para proporcionar las destrezas que se precisan para realizar el trabajo diario en logística.

Al final de esta introducción, se ofrece un ejercicio práctico con la finalidad de comprobar si las acciones que en él se describen, que son actividades logísticas, pertenecen al ámbito de las técnicas, las tácticas o las estrategias.

Técnicas	Tácticas	Estrategias
Son maneras de realizar una acción o un proceso. Las más eficientes o eficaces pasan a ser *las mejores prácticas.*	Son métodos de abordar un objetivo y que conllevan la aplicación de una o diversas técnicas.	Son planteamientos que marcan la orientación general de aplicación de las tácticas y técnicas hacia un enfoque determinado.

Áreas de conocimiento logístico

Las tres fases de aprendizaje de la metodología AURUM representan el conocimiento que es posible aplicar en los procesos logísticos. En estas tres fases se conectan e interactúan las áreas del trabajo diario, reunidas en torno a doce áreas de conocimiento, para facilitar su estudio conjunto.

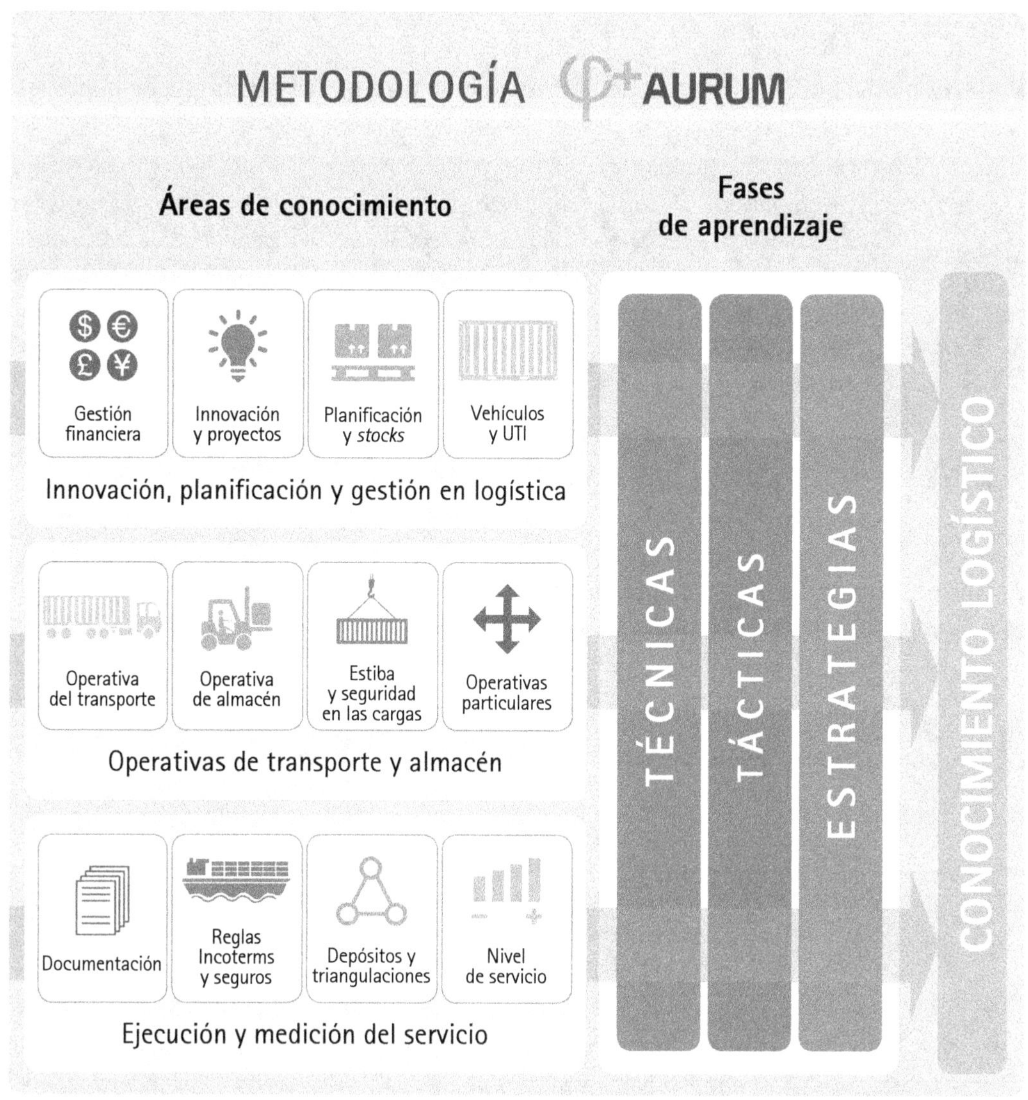

Fichas de microformación

La estructura de este libro responde a la metodología de aprendizaje AURUM. Se basa en la microformación, un sistema didáctico que permite que los contenidos se presenten en fichas independientes donde en cada una se aborda y resuelve un tema específico.

El contenido de cada ficha se presenta a su vez formando apartados que tratan la definición de cada tema, y ofrecen diferentes enfoques que facilitan la comprensión de procesos o aplicaciones y la asimilación de soluciones prácticas, ejemplos o fórmulas, entre otros aspectos clave.

Por este motivo, dependiendo de los temas que se tratan, cada ficha puede contener:

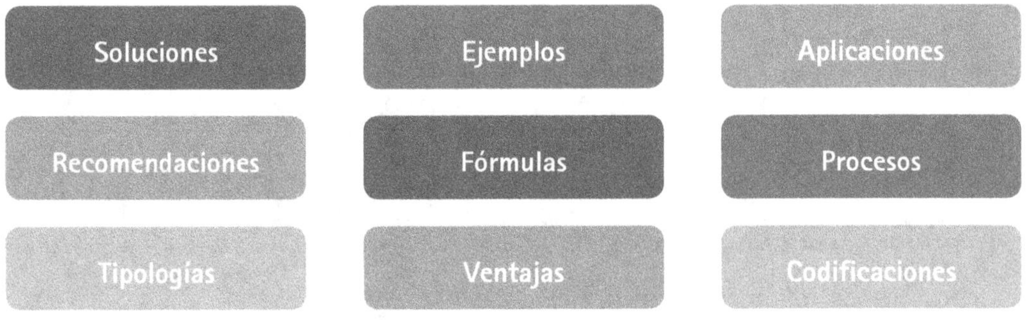

Asimismo, numerosas fichas se complementan con informaciones que permiten ampliar conocimientos específicos y enlaces a contenidos presentados en formato audiovisual:

 Información adicional de interés.

 Códigos QR con enlaces a internet.

 Las fichas de microformación presentan contenidos didácticos con un elevado nivel cualitativo. La metodología AURUM prioriza los aspectos significativos de la información y permite comprender con facilidad temáticas complejas.

Recomendaciones para la formación

Para impartir o recibir formación en cualquier área de conocimiento en logística bajo la metodología AURUM es conveniente tener en cuenta las siguientes recomendaciones didácticas:

Ítem	Metodología Aurum
Metodología didáctica	Actividades participativas
Desarrollo de la formación	El formador puede exponer las técnicas, los objetivos que se deben aprender y mostrar cómo se hace. Los alumnos deben ejecutar el proceso hasta que se alcanza el objetivo con destreza
Canales de comunicación preferente	La comunicación verbal y visual
Materiales empleados	Preferentemente objetos relacionados con las actividades que se han de desarrollar, como maquetas, realidad aumentada, realidad virtual, simuladores, tabletas, teléfonos inteligentes, ordenadores, diapositivas, vídeos, tablas, papel y gafas inteligentes
Lugar de la formación	Espacio donde se desarrollan las técnicas, tácticas o estrategias objeto de la formación. Para facilitar que los alumnos interactúen, el aula se puede disponer formando un círculo, con un objeto en el centro como, por ejemplo, una maqueta
Formato del curso	Microformación. Aprender una a una las técnicas, las tácticas o las estrategias concretas. Se pueden explicar previamente los objetos o componentes y las definiciones necesarias
Prácticas y proyectos de fin de curso	Las prácticas se pueden hacer durante la formación, sobre maquetas u otros elementos o bien sobre el terreno. Para asentar los conocimientos, se pueden realizar trabajos con objetivos reales que hay que alcanzar bajo las premisas y la supervisión del formador
Tiempo	Se pueden hacer formaciones planificadas, pero se debería centrar en torno a la formación inmediata, gracias al acceso a microcursos en línea sobre temas específicos. Algunos elementos pueden reducir el tiempo de formación necesario, como las gafas inteligentes con instrucciones que hay que visualizar durante la ejecución, por ejemplo
Medios para favorecer la retención de los contenidos	Las fichas rápidas de consulta, las técnicas nemotécnicas visuales, la práctica física, los simuladores, los microcursos o los vídeos de disposición inmediata
Valores de la formación	Sencilla, fácil, práctica y orientada hacia objetivos concretos

Indique si estos hechos son técnicas, tácticas o estrategias con una X:
(Verifique sus respuestas en la parte inferior de la tabla.)

Acciones	A. Técnicas	B. Tácticas	C. Estrategias
1 Calcular la capacidad en metros cúbicos de un contenedor			
2 Planificar la actividad de un almacén mediante ventanas horarias y turnos de ocho horas			
3 Fijar un *stock* de seguridad			
4 Orientar una empresa de transporte hacia el mercado del grupaje en Centroeuropa			
5 Realizar planes de mantenimiento preventivo para disminuir los daños por averías			
6 Cumplimentar adecuadamente una carta de porte CMR			
7 Rediseñar el sistema de distribución de una compañía basándolo en el uso de comisionistas			

Respuestas: 1-A / 2-B / 3-A / 4-C / 5-B / 6-A / 7-C

A

Técnicas para la gestión financiera en logística

¿Por qué la gestión financiera en logística?

La logística se encuadra en el ámbito de las operaciones, orientadas al movimiento y el control de los flujos de materiales y mercancías.

Se podría pensar que una gestión logística eficiente consiste básicamente en dominar las técnicas, las tácticas y las estrategias relacionadas con esta disciplina. Sin embargo, la logística también posee un peso significativo en la estrategia financiera de las empresas.

Por esta razón, las áreas de dirección se interesan especialmente por el impacto financiero de las acciones logísticas y no tanto por cómo se van a ejecutar estas, y recaban a los responsables de su gestión que sus reportes tengan un enfoque más financiero que operativo.

En este capítulo se presentan un conjunto de herramientas básicas que permiten dar una respuesta adecuada a requerimientos sobre cómo elaborar planes de inversión y presupuestos, calcular costos, prever resultados económicos o determinar indicadores clave de rendimiento, entre otros.

La gestión financiera en la dirección de empresas logísticas

Un apartado que requiere especial atención es el de la gestión financiera en la dirección de las empresas logísticas. En este caso, el equipo de dirección no solo ha de dominar en profundidad la gestión operativa, sino que también debe tener un gran conocimiento sobre cuanto concierne a las técnicas financieras y otros recursos para la gestión como, por ejemplo, el diseño del cuadro de mando integral, la emisión de reportes o la gestión de medios de pago internacionales.

¿Cómo calcular el presupuesto de un área o departamento?

El **presupuesto** *(budget)* es un cuadro financiero que se utiliza para proyectar la **cuenta de resultados** que se desea tener para el siguiente año.

Solución

Si la operativa no cambia, se ha de considerar la cuenta de resultados interanual actual y proyectarle un porcentaje de variación.

Cuenta	Resultado interanual	Variación %	Previsión
Transporte compras	2,50 M	3	2,57 M
Transporte ventas	1,20 M	3	1,78 M
Transporte industrial	0,12 M	3	0,18 M

Si la operativa cambia, se deduce una previsión u objetivo de ventas y cada departamento ha de calcular qué costos conlleva realizar ese presupuesto de ventas.

Artículo	Unid. Prev.	Costo ud.	Prev.
FOB Valencia - Elda	890	625	556.250
Cajas madera 60 × 120 cm	14	525	7.350
Traslados entre naves	2120	20	4.200

Por lo general, el presupuesto anual suele elaborarse en octubre y sirve como guión con el que trabajar el próximo año, fijando el objetivo de ventas que se debe conseguir y los costos deseables para lograrlas.

Ejemplo

Indicadores de gestión
Presupuesto 2025

	Enero	Febrero	Marzo	Abril	Mayo	Junio	Julio	Agosto	Sept.	Oct.	Nov.	Dic.	Total
Ventas de transporte	2,7	2,7	2,7	2,7	2,7	2,7	2,7	2,7	2,7	2,7	2,7	2,7	31,9
Iberia	0,9	0,9	0,9	0,9	0,9	0,9	0,9	0,9	0,9	0,9	0,9	0,9	10,8
América	0,6	0,6	0,6	0,6	0,6	0,6	0,6	0,6	0,6	0,6	0,6	0,6	6,7
Europa	0,2	0,2	0,2	0,2	0,2	0,2	0,2	0,2	0,2	0,2	0,2	0,2	2,4
África y Oriente Medio	0,3	0,3	0,3	0,3	0,3	0,3	0,3	0,3	0,3	0,3	0,3	0,3	3,6
Asia Pacífico	0,6	0,6	0,6	0,6	0,6	0,6	0,6	0,6	0,6	0,6	0,6	0,6	7,2
Otras ventas	0,1	0,1	0,1	0,1	0,1	0,1	0,1	0,1	0,1	0,1	0,1	0,1	1,2
													0,0
Consumos. Gastos de transporte	(2,0)	(2,0)	(2,0)	(2,0)	(2,0)	(2,0)	(2,0)	(2,0)	(2,0)	(2,0)	(2,0)	(2,0)	(23,6)
Iberia	(0,6)	(0,6)	(0,6)	(0,6)	(0,6)	(0,6)	(0,6)	(0,6)	(0,6)	(0,6)	(0,6)	(0,6)	(9,0)
América	(0,5)	(0,5)	(0,5)	(0,5)	(0,5)	(0,5)	(0,5)	(0,5)	(0,5)	(0,5)	(0,5)	(0,5)	(6,0)
Europa	(0,2)	(0,2)	(0,2)	(0,2)	(0,2)	(0,2)	(0,2)	(0,2)	(0,2)	(0,2)	(0,2)	(0,2)	(1,9)
África y Oriente Medio	(0,3)	(0,3)	(0,3)	(0,3)	(0,3)	(0,3)	(0,3)	(0,3)	(0,3)	(0,3)	(0,3)	(0,3)	(0,2)
Otros gastos de transporte	(0,3)	(0,3)	(0,3)	(0,3)	(0,3)	(0,3)	(0,3)	(0,3)	(0,3)	(0,3)	(0,3)	(0,3)	(1,4)
Suministros	(0,0)	(0,0)	(0,0)	(0,0)	(0,0)	(0,0)	(0,0)	(0,0)	(0,0)	(0,0)	(0,0)	(0,0)	(0,0)
Subcontratación	(0,0)	(0,0)	(0,0)	(0,0)	(0,0)	(0,0)	(0,0)	(0,0)	(0,0)	(0,0)	(0,0)	(0,0)	(0,1)
Margen bruto	0,7	0,7	0,7	0,7	0,7	0,7	0,7	0,7	0,7	0,7	0,7	0,7	8,3
Personal	(0,0)	(0,0)	(0,0)	(0,0)	(0,0)	(0,0)	(0,0)	(0,0)	(0,0)	(0,0)	(0,0)	(0,0)	(0,3)
Otros gastos de explotación	(0,0)	(0,0)	(0,0)	(0,0)	(0,0)	(0,0)	(0,0)	(0,0)	(0,0)	(0,0)	(0,0)	(0,0)	(0,0)
Arrendamientos	(0,0)	(0,0)	(0,0)	(0,0)	(0,0)	(0,0)	(0,0)	(0,0)	(0,0)	(0,0)	(0,0)	(0,0)	(0,0)
Reparaciones	(0,3)	(0,3)	(0,3)	(0,3)	(0,3)	(0,3)	(0,3)	(0,3)	(0,3)	(0,3)	(0,3)	(0,3)	(3,6)
Asesorías	(0,0)	(0,0)	(0,0)	(0,0)	(0,0)	(0,0)	(0,0)	(0,0)	(0,0)	(0,0)	(0,0)	(0,0)	(0,0)
Comunicación	(0,0)	(0,0)	(0,0)	(0,0)	(0,0)	(0,0)	(0,0)	(0,0)	(0,0)	(0,0)	(0,0)	(0,0)	(0,0)
Publicidad	(0,0)	(0,0)	(0,0)	(0,0)	(0,0)	(0,0)	(0,0)	(0,0)	(0,0)	(0,0)	(0,0)	(0,0)	(0,0)
Viajes y hoteles	(0,0)	(0,0)	(0,0)	(0,0)	(0,0)	(0,0)	(0,0)	(0,0)	(0,0)	(0,0)	(0,0)	(0,0)	(0,0)
Seguros	(0,0)	(0,0)	(0,0)	(0,0)	(0,0)	(0,0)	(0,0)	(0,0)	(0,0)	(0,0)	(0,0)	(0,0)	(0,1)
Gastos I+D	(0,0)	(0,0)	(0,0)	(0,0)	(0,0)	(0,0)	(0,0)	(0,0)	(0,0)	(0,0)	(0,0)	(0,0)	(0,0)
Gastos diversos	(0,0)	(0,0)	(0,0)	(0,0)	(0,0)	(0,0)	(0,0)	(0,0)	(0,0)	(0,0)	(0,0)	(0,0)	(0,0)
Ajustes ebitda	(0,0)	(0,0)	(0,0)	(0,0)	(0,0)	(0,0)	(0,0)	(0,0)	(0,0)	(0,0)	(0,0)	(0,0)	(0,0)
Ebitda transporte	0,3	0,3	0,3	0,3	0,3	0,3	0,3	0,3	0,3	0,3	0,3	0,3	4,1
Amortizaciones	(0,0)	(0,0)	(0,0)	(0,0)	(0,0)	(0,0)	(0,0)	(0,0)	(0,0)	(0,0)	(0,0)	(0,0)	(0,0)
EBIT	0,3	0,3	0,3	0,3	0,3	0,3	0,3	0,3	0,3	0,3	0,3	0,3	4,1
Resultados enajenacion y deterioro inmov.	(0,0)	(0,0)	(0,0)	(0,0)	(0,0)	(0,0)	(0,0)	(0,0)	(0,0)	(0,0)	(0,0)	(0,0)	(0,0)
Provisión deterioro fondo de comercio	0,0	0,0	0,0	0,0	0,0	0,0	0,0	0,0	0,0	0,0	0,0	0,0	0,0
Resultados excepcionales	0,0	0,0	0,0	0,0	0,0	0,0	0,0	0,0	0,0	0,0	0,0	0,0	0,0
Remuneraciones consejo	(0,0)	(0,0)	(0,0)	(0,0)	(0,0)	(0,0)	(0,0)	(0,0)	(0,0)	(0,0)	(0,0)	(0,0)	(0,0)
Resultado explotación	0,3	0,3	0,3	0,3	0,3	0,3	0,3	0,3	0,3	0,3	0,3	0,3	4,1
Ingresos financieros	0,0	0,0	0,0	0,0	0,0	0,0	0,0	0,0	0,0	0,0	0,0	0,0	0,2
Gastos financieros I	(0,0)	(0,0)	(0,0)	(0,0)	(0,0)	(0,0)	(0,0)	(0,0)	(0,0)	(0,0)	(0,0)	(0,0)	(0,0)
Comisiones	(0,0)	(0,0)	(0,0)	(0,0)	(0,0)	(0,0)	(0,0)	(0,0)	(0,0)	(0,0)	(0,0)	(0,0)	(0,0)
Otros gastos	(0,0)	(0,0)	(0,0)	(0,0)	(0,0)	(0,0)	(0,0)	(0,0)	(0,0)	(0,0)	(0,0)	(0,0)	(0,0)
Prestamo participativo (PPL)	(0,0)	(0,0)	(0,0)	(0,0)	(0,0)	(0,0)	(0,0)	(0,0)	(0,0)	(0,0)	(0,0)	(0,0)	(0,1)
EBT	0,4	0,4	0,4	0,4	0,4	0,4	0,4	0,4	0,4	0,4	0,4	0,4	4,2
Impuesto Sociedades	(0,0)	(0,0)	(0,0)	(0,0)	(0,0)	(0,0)	(0,0)	(0,0)	(0,0)	(0,0)	(0,0)	(0,0)	(0,0)
Otros impuestos	(0,0)	(0,0)	(0,0)	(0,0)	(0,0)	(0,0)	(0,0)	(0,0)	(0,0)	(0,0)	(0,0)	(0,0)	(0,0)
Rendimiento neto	0,3	0,3	0,3	0,3	0,3	0,3	0,3	0,3	0,3	0,3	0,3	0,3	4,2
De operaciones continuadas	(0,0)	(0,0)	(0,0)	(0,0)	(0,0)	(0,0)	(0,0)	(0,0)	(0,0)	(0,0)	(0,0)	(0,0)	(0,0)
De operaciones no continuadas	(0,0)	(0,0)	(0,0)	(0,0)	(0,0)	(0,0)	(0,0)	(0,0)	(0,0)	(0,0)	(0,0)	(0,0)	(0,0)
Rendimientos minoritarios	(0,0)	(0,0)	(0,0)	(0,0)	(0,0)	(0,0)	(0,0)	(0,0)	(0,0)	(0,0)	(0,0)	(0,0)	(0,0)
Rendimiento atribuible	0,3	0,3	0,3	0,3	0,3	0,3	0,3	0,3	0,3	0,3	0,3	0,3	4,1

Véase el anexo a1.

¿Cómo hacer un cuadro de mando integral?

El **cuadro de mando integral (CMI)** es un formato que sirve para plasmar los objetivos estratégicos, los indicadores de resultados, las metas y las iniciativas. Es la representación visual de una estrategia.

Proceso

1 Se realiza una tabla que contenga los **objetivos** estratégicos, los **indicadores** con los que se mide el resultado, las **metas** que se han de conseguir y las principales **iniciativas** que se quieren implementar para alcanzar los objetivos. Se deben indicar las áreas de actuación y los subobjetivos:

Objetivos estratégicos			
Objetivos	Indicadores	Metas	Iniciativas
Subobjetivo	¿Cómo se miden los resultados?	Resultado deseado	Iniciativas previstas

Ejemplo

Objetivo 1. Clientes			
Objetivos	Indicadores	Metas	Iniciativas
Alta fidelización	Clientes perdidos anualmente	<30 clientes año	Plan Cliente 10

Objetivo 2. Procesos			
Objetivos	Indicadores	Metas	Iniciativas
Puntualidad en la entrega	Cumplimiento horario	95 % en el tiempo previsto	Plan Entrega Segura

2 Se plasma esta información en un esquema que permita entender fácilmente la estrategia que se ha de seguir.

¿Qué indicadores clave de rendimiento hay que usar en logística?

Los **indicadores clave de rendimiento** o **KPI** *(key performance indicator)* sirven para medir y valorar un determinado campo o factor. Por ejemplo, el costo por kilómetro (€/km) en el transporte.

Solución

Cada organización tiene unas particularidades y genera unos KPI específicos. Sin embargo, hay muchos indicadores que pueden aplicarse a nivel general a pesar de las diferencias entre una y otra empresa. Estos son algunos de los KPI más usados en logística:

Áreas	Indicadores claves de rendimiento (KPI)
Costos	€/tonelada
	€/m^3
	€/unidad
	€/envío
	€/TEU
	€/camión
	€/pedido
Inmovilizado	Existencias en euros
	Activos en euros
Productividad	Ocupación (m^2)/disponibilidad (m^2)
	Porcentaje llenado por envío (tonelada)
	Porcentaje llenado por envío (m^3)
	Tiempo medio de carga por camión
	Toneladas movidas/mes por carretillero
Rentabilidad y beneficio	Retorno de la inversión
	Porcentaje de rentabilidad
Control sobre el gasto	Porcentaje de gasto de transporte/ventas
	Desviación del gasto previsto (total y porcentual)
Prevención de riesgos laborales y medio ambiente	Accidentes/mes
	Incidencias/mes
	Reclamaciones/mes
	Emisiones CO^2/mes

Recomendaciones

1 Revisar que el sistema dé los datos correctos. La manera de introducir la información puede dificultar su procesamiento.

2 Medir requiere recursos, tiempo y una configuración adecuada del programa de gestión o ERP. Es recomendable analizar si se dispone de todo ello antes de diseñar un sistema de KPI con expectativas inalcanzables.

¿Cómo presentar los KPI?

Se pueden presentar por separado, en un informe, en un cuadro indicativo o mediante tablas de desempeño *(dashboards)*. Estas tablas se pueden mostrar en cuadros e informes informatizados o en tableros físicos. En este segundo caso se suelen ubicar en zonas visibles, para facilitar su comprensión o para apoyar las reuniones de supervisión de equipos.

Ejemplos

Un KPI individual puede presentarse como un simple dato, o con su propio cuadro en el que plasmar información adicional, como comentarios, planes de acción, datos previos, etc.

KPI individual.

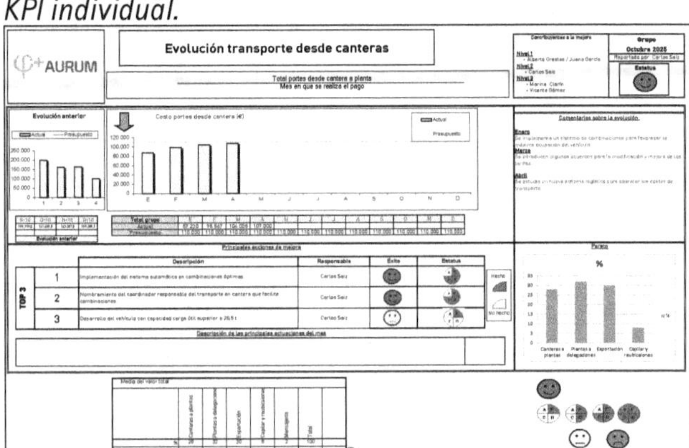

Véase el anexo a2.

Tablas de desempeño físicas.

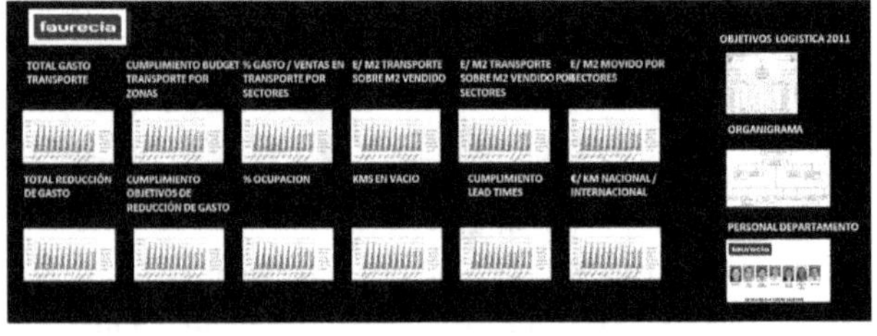

Tablas de desempeño informáticas.

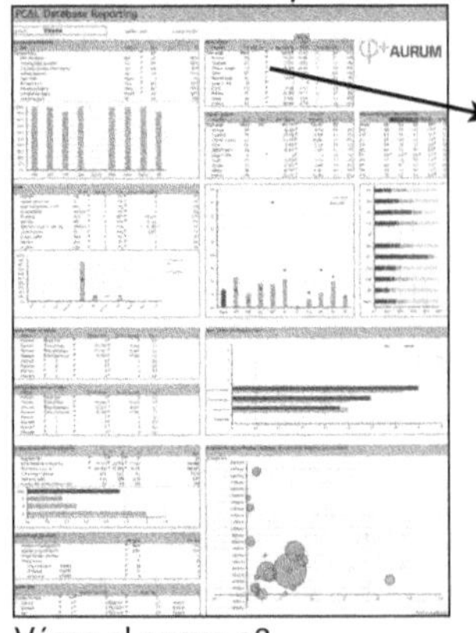

REAL STOCK Families	Cod ERP Ref		Stock Euros	Real vs. Target Stock	Trend	Cov Dys	%
Total stock	Plant		364.476	13.366		2,7	104%
Armrest	AR		16.332	-11.994		2,7	5%
Headrest	HR		12.914	-12.672		1,1	4%
Covers, screen	CV		88.348	-25.057		2,9	25%
Other	OT		42.520	33.052		15,9	12%
Electrification	EL		13.086	2.874		5,6	4%
Large In Situ	IS		0	0		0,0	0%
Foam	FO		17.185	6.954		2,2	5%
Plastics	PL		32.394	19.711		5,7	9%
Safety	SA		57.008	8.256		4,7	16%
Frames	FR		84.689	-7.758		1,6	24%

Véase el anexo a3.

Las tablas de desempeño deben ser muy descriptivas, por lo que se suelen utilizar códigos visuales, iconos y gráficos para conocer el estatus y los valores de los conceptos representados. Son herramientas de seguimiento.

¿Cómo realizar el control del gasto en logística?

Tras realizar un presupuesto, hay que comprobar su cumplimiento. Si el gasto es mayor de lo esperado, es necesario analizar las causas de la desviación y establecer acciones correctoras. Este proceso se lleva a cabo a través de la **cuenta de resultados,** en la que se debe reflejar:

- Gasto previsto.
- Gasto real.
- Desviación en la moneda que corresponda.
- Porcentaje de desviación.
- Porcentaje esperado y porcentaje real de gasto logístico sobre las ventas.

Ejemplos

Ítem	Previsión anual	Real anual	Desviación (€)	Desviación (%)	S/V previsto (%)	S/V real (%)
Transporte Latinoamérica						
Transporte Oriente Medio						
Transporte Extremo Oriente						
Transporte África						
Transporte Europa						

Regla Incoterms	Previsión anual (%)	Real anual (%)
Transporte EXW		
Transporte FCA		
Transporte FAS		
Transporte FOB		
Transporte CFR/CPT		
Transporte CIF/CIP		
Transporte DAT		
Transporte DAP		
Transporte DDP		

El hecho de que el gasto logístico crezca o disminuya no implica necesariamente que se esté realizando una mala gestión.

Si hay más ventas, el gasto logístico total crecerá. También puede ocurrir si, por alguna razón justificada, se sustituye el uso de una regla Incoterms por otra, por ejemplo, o en otras circunstancias ajenas a la gestión logística.

Por lo tanto, hay que tener en cuenta no solo el porcentaje de desviación sino también el volumen de ventas. Hay que analizar de manera individual qué se había presupuestado y qué tipo de servicio se está prestando.

¿Qué son los ahorros estandarizados y cómo se controlan?

El **costo estándar** es el precio medio anual de un artículo. Al realizar el presupuesto anual se contempla este costo para valorar, en función de los artículos previstos, el gasto que estos supondrán.

El ahorro estándar es la reducción de gasto que se consigue al reducir un costo estándar. Por ejemplo, si un artículo tiene un costo estándar de 10 € y puede reducirse a 9 €, el ahorro estándar sería 1 €, cuya proyección sobre un consumo previsto de 10.000 unidades supondría un ahorro sobre el presupuesto de 10.000 €, que incrementarían directamente el ebitda.

Solución

Estos son algunos requisitos para calcular los ahorros correctamente:

- Disponer de un sistema que permita determinar el costo estándar o el precio medio ponderado de un artículo.
- Codificar adecuadamente los artículos para que sean comparables entre sí y no se mezclen artículos de diferentes naturalezas.
- Poder relacionar los artículos con su costo estándar cuando se producen cambios en el nombre del artículo.

Si se desarrollan distintas tipologías (diversos proveedores, precios o servicios) dentro de un mismo artículo, debe habilitarse un sistema de informes para poder seccionar el análisis. Para que el análisis sea válido hay que comparar únicamente datos que compartan condiciones.

Resulta de suma utilidad el empleo de este tipo de cuadros:

Ítem	Costo estándar histórico	Previsión actual (ud.)	Previsión actual (precio)	Costo estándar actual	Ahorro sobre presupuesto	Real (ud.) actual	Ahorro real
Transporte de carga completa, 24 toneladas (en €)	700	100	70.000	650	−5.000	90	−4.500

Fórmulas

Cálculo de los ahorros tras reducir el costo unitario de un artículo:

Costo estándar unitario − nuevo costo unitario = ahorro unitario.

Ahorro sobre presupuesto = ahorro unitario por unidades consumidas.

¿Cómo tipificar los servicios logísticos en el ERP para extraer datos analizables?

Todo servicio logístico (un transporte, una operación de almacenaje, etc.) debe ser catalogado como un artículo que pueda ser contratado, planificado o vendido en el **sistema de gestión corporativa (ERP)** de una organización.

Solución

Existen dos formas básicas de crear los artículos:

- Crear listas de campos desplegables y seleccionables:

Familia	Subfamilia	Cuenta contable	Ámbito	Origen	Destino	kg	Unidad	Precio	Importe
Transporte	Paquetería	700001	Nacional	Madrid	Vigo	23	€/envío	19,85 €	19,85 €
Familia	**Subfamilia**	**Cuenta contable**	**Ámbito**	**Semirremolque origen**	**Semirremolque destino**	**kg**	**Unidad**	**Precio**	**Importe**
Almacén	Trasbordos	560001	Internacional	R3485BBB	R5678GHC	2.486	€/kg	0,03 €/kg	74,58 €
Familia	**Subfamilia**	**Cuenta contable**	**Ámbito**	**Origen**	**Destino**	**kg**	**Unidad**	**Precio**	**Importe**
Transporte	Traslado	800004	Transporte industrial	Mérida, nave 4	Mérida, nave 6	1.235	€/envío	35,00 €	35,00 €

- Crear artículos en cuya descripción esté el contenido y los subcampos:

Familia	Subfamilia	Cuenta contable	Descripción	kg	Unidad	Precio	Importe
Transporte	Paquetería	700001	Transporte de paquetería nacional de Madrid a Vigo	23	€/envío	19,85 €	19,85 €
Familia	**Subfamilia**	**Cuenta contable**	**Ámbito**	**kg**	**Unidad**	**Precio**	**Importe**
Almacén	Trasbordos	560001	Trasbordo entre semirremolques destino internacional	2.486	€/kg	0,03 €/kg	74,58 €
Familia	**Subfamilia**	**Cuenta contable**	**Ámbito**	**kg**	**Unidad**	**Precio**	**Importe**
Transporte	Traslado	800004	Traslado entre naves de Mérida	1.235	€/envío	35,00 €	35,00 €

Antes de tomar una decisión se debe analizar las posibilidades del ERP, el cuadro de cuentas y los informes que se quieren obtener.

Los artículos que se compran o se venden se anotan en el cuadro de cuentas donde se registran los ingresos y los pagos codificados según el plan general contable. Por ello, las familias de transporte pueden estar relacionadas con diversos grupos de cuentas contables:

- Grupo 6 (compras y gastos).
- Grupo 7 (ventas e ingresos).

¿Cómo crear categorías de artículos para la gestión administrativa del transporte?

N.º	Categoría	Subcategoría	Descripción	Envíos	Devoluciones
1	Transporte de compra	Aprovisionamiento de materias primas o semielaborados para producción	Transporte de productos, desde un centro propio o ajeno, hasta el centro de producción para su transformación en producto acabado		
2		Transporte de activos hasta instalaciones propias	Transporte de maquinaria o mobiliario, por ejemplo, a las instalaciones propias		
3		Transporte de consumibles hasta instalaciones propias	Transporte de material de oficina, embalajes, etc.		
4		Transporte de logística inversa	Transporte de retorno de embalajes o residuos, por ejemplo, para su reutilización		
5		Compra de producto acabado	Transporte de artículos a un tercero para su reventa desde un centro propio		
6	Transporte interno	Transporte industrial interno	Transporte de materias primas, semielaborados, productos acabados, activos o consumibles entre instalaciones propias		
7	Transporte de venta	Transporte de producto de materia prima, producto semielaborado o acabado hasta el cliente	Transporte de productos desde instalaciones propias hasta el cliente final		
8		Transporte de producto acabado hasta ubicaciones propias	Transporte desde el centro de producción hasta un punto de venta propio		
9	Otros transportes	Transporte de documentación	Transporte de documentos administrativos		
10		Transporte de material para ferias	Envío de estand, mobiliario, productos para exposición u otros materiales a ferias		
11		Transporte de publicidad, muestras y *merchandising*	Transporte de elementos de *marketing* o publicidad (catálogos, muestras, obsequios, etc.)		

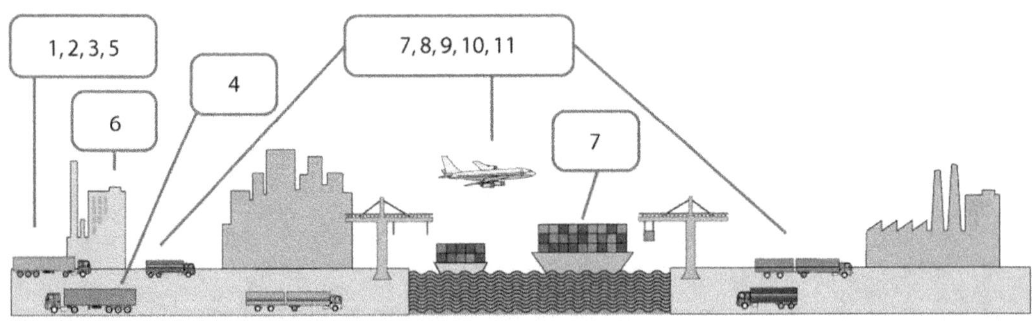

¿Qué es el ebitda y cómo contribuir a su mejora?

Este **indicador financiero** señala las ganancias antes de aplicar los intereses, las depreciaciones, los impuestos y las amortizaciones. **Ebitda** son las siglas de *Earning Before Interest, Taxes, Depreciation and Amortization.*

Solución

Cuando se realiza un presupuesto anual en una organización, se establece la previsión de unos resultados que hay que conseguir.

El **beneficio bruto** se calcula restándole a los ingresos los costos. Sin embargo, este beneficio no es un indicador muy valorado, ya que no representa realmente lo que genera una empresa. Por ello, al beneficio bruto se le suman los **ingresos de explotación** y se le restan los **costos de explotación** y los **gastos de administración** y ventas, dando como resultado el ebitda, que sí es relevante.

Indicadores de gestión — Presupuesto 2025

	Enero	Febrero	Marzo	Abril	Mayo	Junio	Julio	Agosto	Sept.	Oct.	Nov.	Dic.	Total
Ventas de transporte	2,7	2,7	2,7	2,7	2,7	2,7	2,7	2,7	2,7	2,7	2,7	2,7	31,9
Iberia	0,9	0,9	0,9	0,9	0,9	0,9	0,9	0,9	0,9	0,9	0,9	0,9	10,9
América	0,6	0,6	0,6	0,6	0,6	0,6	0,6	0,6	0,6	0,6	0,6	0,6	6,7
Europa	0,2	0,2	0,2	0,2	0,2	0,2	0,2	0,2	0,2	0,2	0,2	0,2	2,4
África y Oriente Medio	0,3	0,3	0,3	0,3	0,3	0,3	0,3	0,3	0,3	0,3	0,3	0,3	3,6
Asia Pacífico	0,6	0,6	0,6	0,6	0,6	0,6	0,6	0,6	0,6	0,6	0,6	0,6	7,2
Otras ventas	0,1	0,1	0,1	0,1	0,1	0,1	0,1	0,1	0,1	0,1	0,1	0,1	1,2
Consumos. Gastos de transporte	(2,0)	(2,0)	(2,0)	(2,0)	(2,0)	(2,0)	(2,0)	(2,0)	(2,0)	(2,0)	(2,0)	(2,0)	(23,6)
Iberia	[illegible]	[illegible]	[illegible]	[illegible]	[illegible]	[illegible]	[illegible]	[illegible]	[illegible]	[illegible]	[illegible]	[illegible]	[illegible]
América	[illegible]	[illegible]	[illegible]	[illegible]	[illegible]	[illegible]	[illegible]	[illegible]	[illegible]	[illegible]	[illegible]	[illegible]	[illegible]
Europa	[illegible]	[illegible]	[illegible]	[illegible]	[illegible]	[illegible]	[illegible]	[illegible]	[illegible]	[illegible]	[illegible]	[illegible]	[illegible]
África y Oriente Medio	[illegible]	[illegible]	[illegible]	[illegible]	[illegible]	[illegible]	[illegible]	[illegible]	[illegible]	[illegible]	[illegible]	[illegible]	[illegible]
Otros gastos de transporte	[illegible]	[illegible]	[illegible]	[illegible]	[illegible]	[illegible]	[illegible]	[illegible]	[illegible]	[illegible]	[illegible]	[illegible]	[illegible]
Suministros	[illegible]	[illegible]	[illegible]	[illegible]	[illegible]	[illegible]	[illegible]	[illegible]	[illegible]	[illegible]	[illegible]	[illegible]	[illegible]
Subcontratación	[illegible]	[illegible]	[illegible]	[illegible]	[illegible]	[illegible]	[illegible]	[illegible]	[illegible]	[illegible]	[illegible]	[illegible]	[illegible]
Margen bruto	0,7	0,7	0,7	0,7	0,7	0,7	0,7	0,7	0,7	0,7	0,7	0,7	8,3
Personal	[illegible]	[illegible]	[illegible]	[illegible]	[illegible]	[illegible]	[illegible]	[illegible]	[illegible]	[illegible]	[illegible]	[illegible]	[illegible]
Otros gastos de explotación	[illegible]	[illegible]	[illegible]	[illegible]	[illegible]	[illegible]	[illegible]	[illegible]	[illegible]	[illegible]	[illegible]	[illegible]	[illegible]
Arrendamientos	[illegible]	[illegible]	[illegible]	[illegible]	[illegible]	[illegible]	[illegible]	[illegible]	[illegible]	[illegible]	[illegible]	[illegible]	[illegible]
Reparaciones	[illegible]	[illegible]	[illegible]	[illegible]	[illegible]	[illegible]	[illegible]	[illegible]	[illegible]	[illegible]	[illegible]	[illegible]	[illegible]
Asesorías	[illegible]	[illegible]	[illegible]	[illegible]	[illegible]	[illegible]	[illegible]	[illegible]	[illegible]	[illegible]	[illegible]	[illegible]	[illegible]
Comunicación	[illegible]	[illegible]	[illegible]	[illegible]	[illegible]	[illegible]	[illegible]	[illegible]	[illegible]	[illegible]	[illegible]	[illegible]	[illegible]
Publicidad	[illegible]	[illegible]	[illegible]	[illegible]	[illegible]	[illegible]	[illegible]	[illegible]	[illegible]	[illegible]	[illegible]	[illegible]	[illegible]
Viajes y hoteles	[illegible]	[illegible]	[illegible]	[illegible]	[illegible]	[illegible]	[illegible]	[illegible]	[illegible]	[illegible]	[illegible]	[illegible]	[illegible]
Seguros	[illegible]	[illegible]	[illegible]	[illegible]	[illegible]	[illegible]	[illegible]	[illegible]	[illegible]	[illegible]	[illegible]	[illegible]	[illegible]
Gastos I+D	[illegible]	[illegible]	[illegible]	[illegible]	[illegible]	[illegible]	[illegible]	[illegible]	[illegible]	[illegible]	[illegible]	[illegible]	[illegible]
Gastos diversos	[illegible]	[illegible]	[illegible]	[illegible]	[illegible]	[illegible]	[illegible]	[illegible]	[illegible]	[illegible]	[illegible]	[illegible]	[illegible]
Ajustes ebitda	[illegible]	[illegible]	[illegible]	[illegible]	[illegible]	[illegible]	[illegible]	[illegible]	[illegible]	[illegible]	[illegible]	[illegible]	[illegible]
Ebitda transporte	0,3	0,3	0,3	0,3	0,3	0,3	0,3	0,3	0,3	0,3	0,3	0,3	4,1
Amortizaciones	[illegible]	[illegible]	[illegible]	[illegible]	[illegible]	[illegible]	[illegible]	[illegible]	[illegible]	[illegible]	[illegible]	[illegible]	[illegible]
EBIT	0,3	0,3	0,3	0,3	0,3	0,3	0,3	0,3	0,3	0,3	0,3	0,3	4,1
Resultados enajenación y deterioro inmov.	[illegible]	[illegible]	[illegible]	[illegible]	[illegible]	[illegible]	[illegible]	[illegible]	[illegible]	[illegible]	[illegible]	[illegible]	[illegible]
Provisión deterioro fondo de comercio	0,0	0,0	0,0	0,0	0,0	0,0	0,0	0,0	0,0	0,0	0,0	0,0	0,0
Resultados excepcionales	0,0	0,0	0,0	0,0	0,0	0,0	0,0	0,0	0,0	0,0	0,0	0,0	0,0
Remuneraciones consejo	[illegible]	[illegible]	[illegible]	[illegible]	[illegible]	[illegible]	[illegible]	[illegible]	[illegible]	[illegible]	[illegible]	[illegible]	[illegible]
Resultado explotación	0,3	0,3	0,3	0,3	0,3	0,3	0,3	0,3	0,3	0,3	0,3	0,3	4,1
Ingresos financieros	0,0	0,0	0,0	0,0	0,0	0,0	0,0	0,0	0,0	0,0	0,0	0,0	0,2
Gastos financieros I	[illegible]	[illegible]	[illegible]	[illegible]	[illegible]	[illegible]	[illegible]	[illegible]	[illegible]	[illegible]	[illegible]	[illegible]	[illegible]
Comisiones	[illegible]	[illegible]	[illegible]	[illegible]	[illegible]	[illegible]	[illegible]	[illegible]	[illegible]	[illegible]	[illegible]	[illegible]	[illegible]
Otros gastos	[illegible]	[illegible]	[illegible]	[illegible]	[illegible]	[illegible]	[illegible]	[illegible]	[illegible]	[illegible]	[illegible]	[illegible]	[illegible]
Préstamo participativo (PPL)	[illegible]	[illegible]	[illegible]	[illegible]	[illegible]	[illegible]	[illegible]	[illegible]	[illegible]	[illegible]	[illegible]	[illegible]	[illegible]
EBT	0,4	0,4	0,4	0,4	0,4	0,4	0,4	0,4	0,4	0,4	0,4	0,4	4,2
Impuesto Sociedades	[illegible]	[illegible]	[illegible]	[illegible]	[illegible]	[illegible]	[illegible]	[illegible]	[illegible]	[illegible]	[illegible]	[illegible]	[illegible]
Otros impuestos	[illegible]	[illegible]	[illegible]	[illegible]	[illegible]	[illegible]	[illegible]	[illegible]	[illegible]	[illegible]	[illegible]	[illegible]	[illegible]
Rendimiento neto	0,3	0,3	0,3	0,3	0,3	0,3	0,3	0,3	0,3	0,3	0,3	0,3	4,2
De operaciones continuadas	[illegible]	[illegible]	[illegible]	[illegible]	[illegible]	[illegible]	[illegible]	[illegible]	[illegible]	[illegible]	[illegible]	[illegible]	[illegible]
De operaciones no continuadas	[illegible]	[illegible]	[illegible]	[illegible]	[illegible]	[illegible]	[illegible]	[illegible]	[illegible]	[illegible]	[illegible]	[illegible]	[illegible]
Rendimientos minoritarios	[illegible]	[illegible]	[illegible]	[illegible]	[illegible]	[illegible]	[illegible]	[illegible]	[illegible]	[illegible]	[illegible]	[illegible]	[illegible]
Rendimiento atribuible	0,3	0,3	0,3	0,3	0,3	0,3	0,3	0,3	0,3	0,3	0,3	0,3	4,1

Presupuesto.
Véase el anexo a1.

Beneficio bruto

+ Ingresos de explotación

− Costos de explotación

− Gastos de administración y ventas

___

= **Ebitda**

− Amortizaciones

___

= **EBIT**

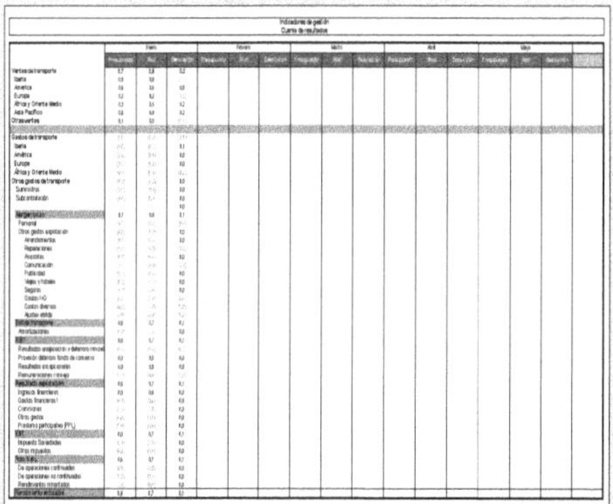

Cuenta de resultados.
Véase el anexo a4.

El costo de la logística es muy variable y en cada empresa es diferente. Suele representar en torno al 11 % del valor de las ventas.

Para contribuir a su mejora es necesario reducir los costos o mejorar la productividad a través de:

- Plan de ahorros estandarizados.
- Plan de inversión.
- Plan de mejora continua.
- Investigación y desarrollo (I+D).
- Simuladores de decisiones.
- Ventas de servicios logísticos con beneficio.

¿Cuáles son los gastos habituales de un vehículo y cómo se gestionan?

Es necesario calcular el impacto que los posibles costos de un vehículo tendrán sobre un producto o servicio. Aunque en cada caso se den unas circunstancias particulares, es posible analizarlos partiendo de un esquema de costos.

Solución

Repercutir el costo de un vehículo sobre los productos transportados no es algo sencillo ya que estos pueden no ser uniformes. Para repercutir el costo se debe:

1 Establecer la unidad de comparación (Uc) (kg, m^3, m^2, etc.) y convertir todas las unidades transportadas a esa unidad.
2 Tomar el costo del vehículo (Cv).
3 Aplicar la siguiente fórmula: $Cu = \dfrac{Cv}{Uc}$.

Ejemplo

Informe de costos anuales (€)	Servicio de recogidas 250 ms/día Vehículo de 25 toneladas de carga útil	
	Caso 1	Caso 2
Amortización del vehículo	6.737,50	12.086,44
Financiación del vehículo	554,14	1.125,90
Personal de conducción	28.730	25.645,13
Seguros	3.216	6.286,34
Costos fiscales	357,09	1.057,52
Dietas	0	2.318,40
Telefonía	678	678
Combustible	25.855,20	14.181,12
Neumáticos	6.048	4.757,30
Mantenimiento	2.419,20	1.843,20
Reparaciones	4.290,30	3.268,80
Otros	232	232
Costo del vehículo (Cv)	79.117,43	73.480,15
Unidad de comparación		
Kilometraje anual (km/año)	63.000	48.000
Kilometraje anual en carga (km/año)	31.500	23.040
Días laborables	222	222
Mercancías transportadas (kg)	5.128.200	5.372.400
Mercancías transportadas (m^3)	19.314	20.202
Repercusión		
Costos totales (€/km recorrido)	1,26	1,53
Costos totales (€/km cargado)	2,51	3,19
Costo total por jornada	356,38	330,99
Costo por kilogramo transportado	0,02	0,01
Costo por metro cúbico transportado	4,10	3,64

¿Cómo determinar si es mejor emplear un vehículo propio o uno subcontratado?

Después de analizar los posibles costos de un vehículo propio, es necesario calcular el impacto de estos sobre el precio de la mercancía transportada y determinar si conviene emplear **transporte propio** o **subcontratarlo.** Esto puede generar escenarios diversos.

Solución

1 Cantidad y regularidad uniformes

Según el tipo de vehículo, se determinará un costo concreto **(ficha A10)** y una oferta de un transportista externo. Para poder hacer la comparación hay que usar una medida común. Por ejemplo:

Costo del vehículo por día laborable: 223 €.
Unidades transportadas en cuatro viajes/día: 10.000 ud.
Costo unidad transportada: 223 / 10.000 = 0,0223 €/ud.

Oferta transportista externo 1: 0,03 €/ud.
Oferta transportista externo 2: 80 €/viaje.
Cálculo del precio de la unidad: 80 € / 2.500 ud. = 0,032 €/ud.

2 Cantidad y regularidad variables

Si se dan variaciones sobre la cantidad o regularidad de los transportes, hay que dividir el **importe total de gasto** durante un periodo de tiempo concreto (incluyendo el costo financiero de la inversión) entre las **unidades transportadas.** Por ejemplo:

Importe periodo X / ud. transportadas = 110.000 € / 1.234.565 ud. = 0,089 €/ud.

Oferta transportista externo 1: 0,03 €/ud.
Oferta transportista externo 2: 80 €/viaje.
Promedio histórico: 1.234.565 ud. / 815 viajes = 1514 ud./viaje.
Calcular costo en unidades: 80 viajes / 1.514 ud. = 0,052 €/ud.

Es importante recordar que siempre hay que convertirlo todo en unidades comparables.

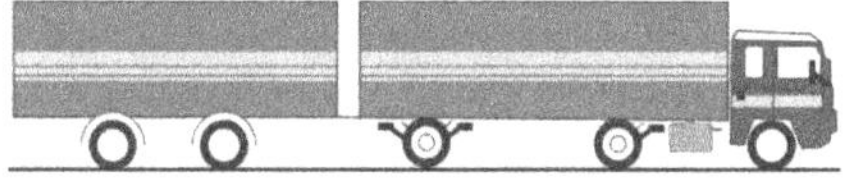

AURUM

¿Cómo calcular el costo total logístico?

El **costo total logístico (CTL)** refleja la importancia que tienen las operaciones logísticas en la actividad productiva de una empresa.

Solución

- **Como cifra global** o **CTL de una compañía:** resulta de dividir el gasto logístico total entre las unidades vendidas (vendidas, no producidas) durante un periodo determinado; por ejemplo: 10 M€ / 20.345.677 ud. = 0,491 €/ud.

- **Como cifra individual** o **CTL de un producto:** corresponde al total de los costos de las operaciones logísticas (almacenamiento, manipulación y transporte) necesarias para completar su parte de la cadena de suministro, junto con la parte proporcional de los costos estructurales y de planificación industrial que le correspondan.

Componentes del costo total logístico	
Ítem	Comentario
Costos de estructura de planificación, almacén, manipulación y transporte	Incluye el costo total de instalaciones, vehículos, personal, activos, consumibles y servicios necesarios para su existencia
Operaciones en almacén (propio o ajeno)	Descarga, carga, almacenamiento, preparación de pedidos, etiquetado y otras operaciones ejecutadas dentro del almacén
Operaciones de transporte (propio o ajeno)	Transporte de compra y de venta, transporte industrial y otros transportes
Tasas, impuestos y otros gastos anexos no incluidos en las operaciones de almacén	Costos anexos a las operaciones de entrada, permanencia o salida de almacén, tales como impuestos, tasas, cánones, etc.
Tasas, impuestos y otros gastos anexos no incluidos en las operaciones de transporte	Costos anexos a las operaciones de transporte y que no se cobran en estas, tales como impuestos, tasas, cánones, etc.
Licencias, autorizaciones y documentos	Licencias, autorizaciones y documentos necesarios para la realización de actividades, licencias de exportación o importación, etc.
Contratación de servicios externos de soporte	Contratación de consultoras, formación, traducción y otros servicios de soporte
Emisión documental para la exportación o importación	Pago por emisión documental de certificados, despachos, cuadernos ATA, legalizaciones y otros documentos necesarios
Multas y sanciones	Pago de multas, sanciones, etc., derivadas de una responsabilidad propia, ajena al servicio propio o contratado que las recibe
Daños y pérdidas	Daños y pérdidas ocasionadas por una actuación propia no cubierta por los seguros contratados

¿Cómo calcular el costo de preparación de un pedido?

Existen varias formas de calcular el costo de la preparación de un pedido, dependiendo de lo que se considere como «pedido» y según la asignación de costos netos o brutos.

Proceso

1 Delimitar el inicio y el fin de la **preparación de un pedido,** que puede variar dependiendo de los procesos que se desarrollan en la empresa.

2 El cálculo del costo se puede realizar de dos maneras distintas:

a) Mediante el **cálculo del costo neto:** consiste en desglosar los diferentes costos que van produciéndose desde el inicio hasta el fin de la preparación del pedido.

Cálculo del costo neto	
Ítem C_n	Costo/ud.
Descarga por unidad de producto	0,03
Recepción administrativa	0,008
Colocación en estantería	0,01
Almacenaje por un periodo determinado	1,2
Recogida de la estantería y acarreo interno	0,01
Recepción y planificación del pedido	0,002
Desembalado e introducción del pedido	1,1
Acarreo interno hasta la zona de expedición	0,02
Carga en el vehículo de transporte	0,03
Emisión documental	0,08
Total C_p	**2,49**

Fórmula

$$C_p = \Sigma C_n$$

C_p = costo de preparación del pedido.
C_n = costo individual de la acción n.

b) Mediante el **CTL (ficha A12):** se asigna un porcentaje o cantidad económica al tramo que se ha delimitado para la preparación de pedidos y se divide entre el total de pedidos que se producen en ese tramo, pudiendo ponderarlos por valor, casuísticas de producción, etc.

Fórmula

$$C_p = \frac{CTL \times \%_p}{n_p}$$

CTL = costo total logístico.
$\%_p$ = porcentaje de gasto asignado al tramo de preparación de pedidos.
n_p = número de pedidos preparados durante el periodo X del CTL.

Ejemplo

CTL = 10 M€
% = 9 %
n_p = 47.800 ud.

Solución: C_p = (10 M€ × 0,09) / 47.800 ud. = 18,8 €/pedido.

¿Qué es el precio medio ponderado y cómo le afectan las estrategias de almacenamiento?

A nivel de inventario de almacén hay dos opciones para establecer el precio de las unidades almacenadas: asignar el precio individual a cada una de ellas o bien asignar un precio medio para todas.

El **precio medio ponderado (PMP)** es un valor promedio que se asigna a todas las unidades de almacén para poder valorarlas. Se suele usar cuando una empresa compra materias y las almacena según costos distintos, pero trabaja con tarifas únicas. Se utiliza para no tener que calcular los costos y los márgenes que se tengan que aplicar.

Solución

1 **Forma de asignar el valor:** se puede asignar de manera individual tras cada operación o tras un periodo, promediando el total. En el primer caso, hay un PMP variable que el departamento comercial y el personal de inventario tendrían que consultar. En el segundo caso, se fija un PMP a partir de datos históricos (por ejemplo, el anterior semestre) y se trabaja con él hasta una nueva variación.

2 **Estrategias logísticas de almacenamiento:** se pueden gestionar los almacenes bajo diversas estrategias (FI-FO, LI-FO, FE-FO,[1] etc.).

Lotes servidos anualmente	Caducidad	Valor ud.	
Lote 1	15/04/2025	350 €	
Lote 2	30/07/2025	378 €	
Lote 3	17/02/2025	310 €	
Lote 4	18/07/2025	420 €	
Cálculo individual	FI-FO	LI-FO	FE-FO
PMP 1	350 €	420 €	310 €
PMP 2	378 €	310 €	350 €
PMP 3	310 €	378 €	420 €
PMP 4	420 €	350 €	378 €
Cálculo tras periodo	FI-FO	LI-FO	FE-FO
PMP 1	364 €	365 €	330 €
PMP 2	365 €	364 €	399 €

Si el PMP se fija tras cada operación y los costos de adquisición son distintos, el valor resultante cambiará en función de la estrategia seguida.

[1] FI-FO: el primero que entra, el primero que sale; LI-FO: el último que entra, el primero que sale; FE-FO: el que primero caduca, sale.

¿Qué es la autofacturación a transportistas y cómo se realiza?

Se trata de un proceso por el cual la empresa que recibe un servicio de transporte remite a la transportista una factura legal en su nombre por los servicios prestados, o bien una propuesta de factura para que esta la revise y emita la factura definitiva. En el primer caso, la empresa transportista debe haber autorizado previamente que su cliente pueda realizar facturas en su nombre, siempre que el país en el que se realiza el servicio autorice este tipo de prácticas.

Este procedimiento se lleva a cabo para:

- Evitar errores que surjan de la empresa transportista.
- Favorecer la regularidad en la facturación.
- Prever mejor el flujo de caja y anticipar necesidades.
- Introducir códigos internos en facturas externas.
- Reducir costos a la empresa transportista (en ocasiones como parte de una negociación de reducción de precios).

Proceso

- Codificar correctamente los artículos de transporte.
- Consensuar un periodo de recepción y emisión de facturas por parte de la empresa transportista.
- Contar con un sistema de gestión corporativa (ERP) con los filtros adecuados para obtener con facilidad los datos necesarios.
- Contar con recursos humanos y medios necesarios para poder emitir autofacturas.

¿Cómo calcular si es más rentable un vehículo de almacén propio, alquilado o de *leasing?*

Existe una gran diversidad de vehículos de almacén, cada uno con sus costos particulares, a los que hay que sumar los gastos adicionales que cada empresa pueda generar. Estos vehículos se pueden **comprar** (financiado o a desembolso), **alquilar** *(renting)* o **alquilar con derecho a compra** *(leasing).*

Solución

Para decidir qué es más conveniente se puede confeccionar un cuadro comparativo:

Cuestiones que se han de valorar	Compra financiada	Alquiler	Alquiler con derecho a compra
Capital inicial desembolsado	Cuota inicial	0 €	0 €
Lucro cesante por el desembolso de capital durante un periodo X	Se ha de valorar en cada caso	0 €	0 €
Capital total desembolsado tras un periodo X	Importe total financiado + otros gastos	Importe total cuotas alquiler	Importe total financiado + otros gastos
Costo de daños a terceros, proyectado a un periodo X	Costo daños durante periodo X	0 € (incluye seguro a todo riesgo)	Costo daños durante periodo X
Costo de averías y reparaciones proyectado a un periodo X	Costo reparaciones durante periodo X	0 €	Costo reparaciones durante periodo X
Gastos de mantenimiento estimados durante un periodo X	Total mantenimiento durante periodo X	0 €	Total mantenimiento durante periodo X
Pago por adquisición tras la última cuota	0 €	0 €	Se debe valorar. Suele ser una cuota adicional
Valor de mercado del vehículo tras un periodo X	Se debe valorar en cada caso	0 €	Se debe valorar en cada caso
Deducción fiscal	Depende del tipo y uso. Se puede deducir una parte como costo	100 % porque se considera gasto	Parte financiera: 100 % deducible. Parte de adquisición: fiscalmente deducible hasta el triple del coeficiente máximo de amortización
Asistencia 24 h	Solo si se contrata en el seguro	Incluida	Solo si se contrata en el seguro
ITV	Suma ITV durante periodo X	0 €	Suma ITV durante periodo X
Seguro a todo riesgo	Suma cuotas seguro durante periodo X	0 €	Suma cuotas seguro durante periodo X
Previsión gasto mensual	Es variable	Gasto fijo	
Cancelación anticipada	Liquidando los gastos de cancelación y el valor pendiente de financiar	Liquidando los gastos de cancelación pactados en el contrato	Liquidando los gastos de cancelación y el valor pendiente de financiar
Venta del vehículo	Al finalizar la financiación. Antes no suele poder hacerse si el vehículo aparece como garantía	Por la empresa de alquiler, el arrendador no puede venderlo	Al finalizar el alquiler con derecho a compra y pasado el vehículo a nombre de la empresa
Renovación	Cuando se disponga de efectivo o se autorice la financiación	Inmediata, previo aviso a la empresa de alquiler	Depende de la aprobación de la entidad financiera. Más lento que el alquiler

¿Cuánto margen añadir al transporte y cómo reflejarlo en la factura de venta?

El transporte supone un gasto, pero puede tratarse como un producto que se compra y se revende a los clientes a un precio mayor, obteniendo así un beneficio. Sin embargo, pueden surgir dudas sobre cómo aplicar un margen sobre el transporte. Pueden haber tres opciones: cobrar solo el coste de transporte (sin margen), aplicar el mismo porcentaje comercial de margen del producto al transporte o aplicar un margen al producto y otro al transporte.

Proceso

Por lo general se suele establecer un margen de entre un 6 a un 11 % para el gasto en transporte. Esto debería cubrir la financiación, si se precisa, y el trabajo de coordinación.

Para reflejarlo en la factura existen dos opciones:

1 Sumar el transporte (con su margen añadido) al precio del material o producto, modificando solo la regla Incoterms en la factura. El cliente verá el precio con porte incluido.

FACTURA

Material ...... X €
IVA .... X €

2 Incluir en la factura el precio del material o producto y añadir una o varias líneas separadas con el detalle del transporte. Si el transporte es internacional, hay que tener en cuenta el destino final para aplicar el IVA que corresponda.

FACTURA

Material ...... X €
Portes .... X €
IVA .... X €

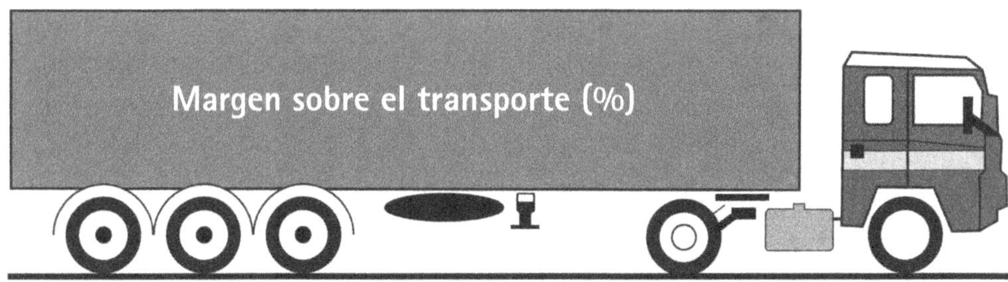

¿Cómo calcular los costos logísticos para completar las tarifas de producto o servicio?

Cada producto o servicio conlleva unos costos de producción y de distribución que configuran su **costo total.** Este se puede medir de diferentes maneras, en función de la empresa y de su casuística.

Cuando se elaboran las **tarifas anuales de los productos o servicios,** se toma siempre en cuenta el costo total de cada uno de ellos, añadiendo un margen establecido generalmente por los departamentos comerciales.

Solución

Hay dos formas de calcular el costo total logístico (CTL) **(ficha A12):**

- **Costos netos:** calculando únicamente los costos de una operativa determinada.
- **Costos brutos:** calculando los costos netos y la repercusión de todos los costos logísticos. Se divide el resultado entre el total de los productos o servicios.

A partir de una de ellas, que indica el CTL de un producto o servicio durante un periodo de tiempo determinado (generalmente un año), hay dos fórmulas para calcular los costos logísticos que habría que proyectar en las próximas tarifas de precios:

1. Se puede tomar el CTL del año anterior y proyectarlo en el siguiente.
2. Se pueden analizar las condiciones de costos y ventas del presupuesto del próximo año, simular los costos logísticos que se darán en esas condiciones y aplicarlos a las nuevas tarifas.

Se suele proceder de la segunda manera cuando las condiciones son muy variables.

Este proceso de cálculo de los costos está coordinado generalmente por las personas responsables de cada producto o servicio, quienes conocen y optimizan sus costos.

¿Qué es una carta de crédito y cómo se gestiona?

Es un instrumento de pago muy habitual en las operaciones de compraventa internacional de mercancías.

En la gestión de una carta de crédito intervienen al menos la empresa importadora, la exportadora y sus respectivos bancos. El departamento de logística no interviene directamente en la negociación de las cartas de crédito, pero sí en las condiciones que se pueden fijar en su apertura, por lo que conviene conocer los pasos que hay que seguir para entregar la documentación necesaria para su gestión.

Proceso

1 Exportadora e importadora llegan a un acuerdo de compraventa, indicando que la forma de pago será **carta de crédito.** Los departamentos de producción y logística coordinan sus programas para hacer efectiva la entrega de la mercancía.

2 La importadora remite a su banco una solicitud de apertura de carta de crédito a favor de la exportadora aportando la factura proforma que esta le habrá remitido previamente.

3 El banco de la importadora aprueba la carta de crédito e informa a la beneficiaria y a su banco para que actúe como banco avisador/confirmador.

4 El banco avisador/confirmador revisa los documentos y acepta o negocia los términos del crédito.

5 Una vez confirmada la apertura de la carta de crédito, el departamento de logística envía la mercancía de acuerdo con lo establecido en la compraventa y se remite la documentación requerida por el banco avisador (de la exportadora).

6 El banco avisador la revisa, la envía al emisor y paga a la exportadora.

7 El banco emisor revisa los documentos y reembolsa el importe al banco avisador cuando se demuestra que se ha entregado la mercancía, de acuerdo con la documentación aportada por el departamento de logística.[1]

8 La importadora es notificada por el banco emisor. Cuando esta paga el importe a dicho banco, este le entrega los documentos para retirar o recibir la mercancía.

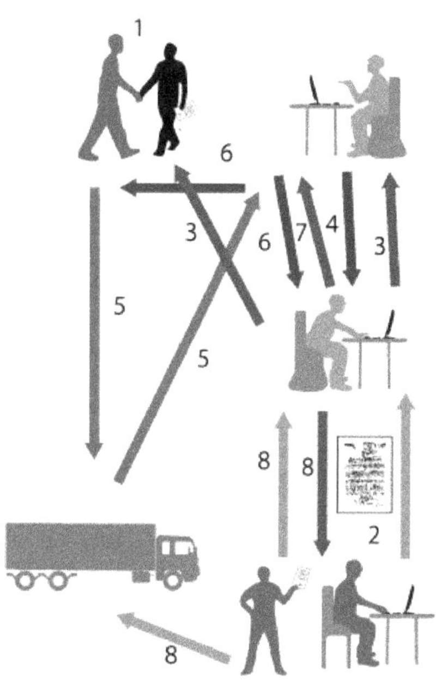

[1] La casuística de la entrega es muy variada en función de la regla Incoterms que se pacte, por lo que puede ser el departamento logístico de la importadora o el de la exportadora.

¿Qué sistemas de pago ofrecer a una empresa transportista?

El costo del dinero depende de múltiples factores, por lo que es recomendable tomar como referencia la transferencia a sesenta días (valor 0 %) estableciendo cuadros de descuento para comparar y valorar cada opción.

Los medios de pago no siempre dependen de la propia empresa, pueden venir dados por la normativa de proveedores, bancos, etc.

Solución

Denominación	Comentario	Ventajas	Desventajas	Costo según días hasta vencimiento (%)					
				Anticipado	30	60	90	120	180
Efectivo al contado	Pago en metálico	Mayor descuento	Se requiere mayor flujo de caja	−7,50	−5	−2,50	0,00	2,50	3,75
Transferencia	Pago mediante envío e ingreso a la cuenta	Control del tiempo de la operación	Costos de transferencia y tiempo dedicado	−3	−1,5	0,00	1,50	3,00	4,50
Domiciliación	La empresa transportista carga el importe a la cuenta que indique la cargadora	Se evitan costos de transferencia y tiempo	Se pierde el control sobre el momento del pago	−2,8	−1,3	−0,20	1,30	2,80	4,30
Letra de cambio	Documento de cobro emitido por el librador (proveedor) hacia el librado, quien asume el pago cuando la acepta con su firma. El proveedor puede endosarla	El proveedor puede descontarla en su banco	Se asume mayor responsabilidad jurídica	−2,8	−1,3	−0,20	1,30	2,80	4,30
Cheque no conformado	Documento de pago que se emite para que el banco abone una determinada cantidad a una persona o empresa (nominativo), o al portador	Emisión rápida y sencilla. Descontable por el proveedor	Pérdida del dominio sobre el momento del cobro	No tiene fecha, se puede cobrar en cualquier momento					
Certificado bancario	Título valor adquirido al banco, quien lo avala y dicta los plazos de pago. Es más seguro que un cheque convencional. El proveedor puede descontarlo por un costo variable, inferior al del cheque	Se puede obtener descuento en el precio	Suele tener un costo o requiere un aval	−2,8	−1,3	−0,20	−0,20	−0,20	−0,20
Pagaré	Documento de pago realizado sobre talonarios bancarios. Hay una fecha de pago concreta. El proveedor puede descontarlo anticipadamente por un costo variable	No suele tener costo para el expedidor	Se pueden emitir pagos por encima del saldo disponible	−2,6	−1,1	0,20	1,70	3,20	4,70
Confirmación de pagos	El pago lo realiza el banco bajo solicitud y abre una línea de confirmación de pagos (confirming) hasta un importe. El proveedor puede descontarlo en cualquier momento a un costo menor que el del pagaré o cheque	Puede ofrecer un mayor descuento	Tiene costo	−2,6	−1,1	−0,40	1,10	2,60	4,10
Factoraje	El proveedor abre una línea con su banco para cederle el cobro de sus facturas, y es este quien las reclama. El proveedor podrá cobrarlas antes bajo un costo inferior al de otras formas de descuento	No tiene costo	El deudor tiene mucha fuerza jurídica en caso de reclamación	−2,8	−1,3	−0,20	1,30	2,80	4,30

¿Qué formatos de emisión de reportes se pueden emplear en logística?

La **emisión de pequeños reportes** o informes es muy habitual en todas las empresas. No existen formatos estandarizados en la mayoría de compañías, pero hay una serie de estándares que se repiten.

Solución

El más básico es el **informe o consulta en hoja de cálculo.** Consta de una o varias páginas con datos.

Su propósito es que el destinatario pueda trabajar mediante tablas dinámicas para que extraiga la información que necesita, pero no ofrece datos concluyentes. Es recomendable utilizarlo junto con la tabla dinámica.

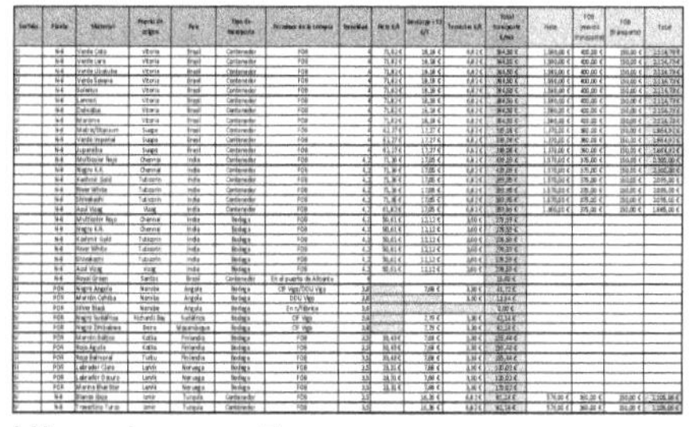

Véase el anexo a5.

El **reporte infográfico** es el más práctico a nivel mensual o semanal. Consiste en un documento (programa de tratamiento de texto e imágenes) en el que se exponen aspectos como:

- Estatus de las principales tareas y proyectos.
- Indicadores clave de rendimiento (KPI) y gráficos principales.
- Tablas con datos relevantes.
- Próximos pasos o acciones de interés.
- Incidencias y soluciones.

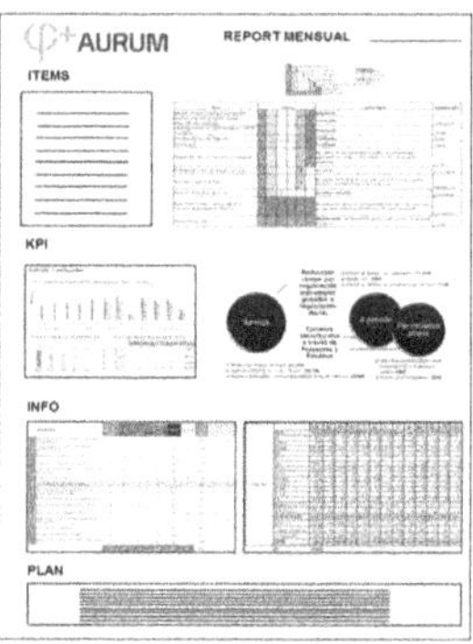

Véase el anexo a6.

El **reporte técnico** no evalúa cifras, resultados ni tareas. Su realización responde a una petición de información o consulta técnica sobre un tema sobre el que se requiera una cierta especialización.

El formato es variable y suele incluir:

- Motivo y solicitante de la consulta.
- Antecedentes y hechos relevantes.
- Desarrollo del informe.
- Conclusiones y recomendaciones.
- Anexos con datos de interés.

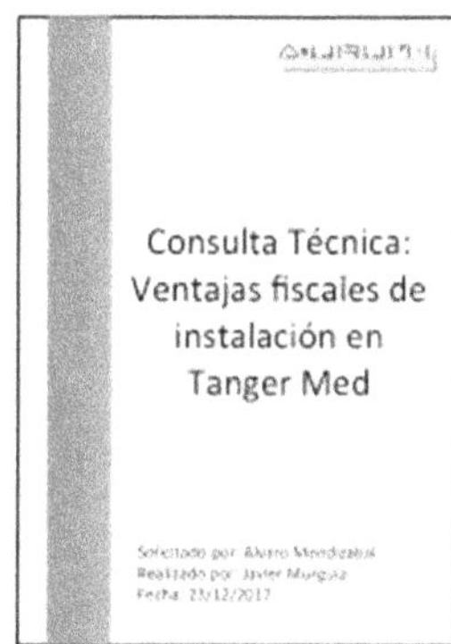

Anexos

Anexo a1. Ejemplo de presupuesto

Indicadores de gestión
Presupuesto 2025

	Enero	Febrero	Marzo	Abril	Mayo	Junio	Julio	Agosto	Sept.	Oct.	Nov.	Dic.	Total
Ventas de transporte	**2,7**	**2,7**	**2,7**	**2,7**	**2,7**	**2,7**	**2,7**	**2,7**	**2,7**	**2,7**	**2,7**	**2,7**	**31,9**
Iberia	0,9	0,9	0,9	0,9	0,9	0,9	0,9	0,9	0,9	0,9	0,9	0,9	10,8
América	0,6	0,6	0,6	0,6	0,6	0,6	0,6	0,6	0,6	0,6	0,6	0,6	6,7
Europa	0,2	0,2	0,2	0,2	0,2	0,2	0,2	0,2	0,2	0,2	0,2	0,2	2,4
África y Oriente Medio	0,3	0,3	0,3	0,3	0,3	0,3	0,3	0,3	0,3	0,3	0,3	0,3	3,6
Asia Pacífico	0,6	0,6	0,6	0,6	0,6	0,6	0,6	0,6	0,6	0,6	0,6	0,6	7,2
Otras ventas	0,1	0,1	0,1	0,1	0,1	0,1	0,1	0,1	0,1	0,1	0,1	0,1	1,2
													0,0
Consumos. Gastos de transporte	(2,0)	(2,0)	(2,0)	(2,0)	(2,0)	(2,0)	(2,0)	(2,0)	(2,0)	(2,0)	(2,0)	(2,0)	(23,6)
Iberia	(0,8)	(0,8)	(0,8)	(0,8)	(0,8)	(0,8)	(0,8)	(0,8)	(0,8)	(0,8)	(0,8)	(0,8)	(9,0)
América	(0,5)	(0,5)	(0,5)	(0,5)	(0,5)	(0,5)	(0,5)	(0,5)	(0,5)	(0,5)	(0,5)	(0,5)	(6,0)
Europa	(0,2)	(0,2)	(0,2)	(0,2)	(0,2)	(0,2)	(0,2)	(0,2)	(0,2)	(0,2)	(0,2)	(0,2)	(1,9)
África y Oriente Medio	(0,3)	(0,3)	(0,3)	(0,3)	(0,3)	(0,3)	(0,3)	(0,3)	(0,3)	(0,3)	(0,3)	(0,3)	(3,0)
Otros gastos de transporte	(0,3)	(0,3)	(0,3)	(0,3)	(0,3)	(0,3)	(0,3)	(0,3)	(0,3)	(0,3)	(0,3)	(0,3)	(3,6)
Suministros	(0,0)	(0,0)	(0,0)	(0,0)	(0,0)	(0,0)	(0,0)	(0,0)	(0,0)	(0,0)	(0,0)	(0,0)	(0,1)
Subcontratación	(0,0)	(0,0)	(0,0)	(0,0)	(0,0)	(0,0)	(0,0)	(0,0)	(0,0)	(0,0)	(0,0)	(0,0)	(0,1)
Margen bruto	**0,7**	**0,7**	**0,7**	**0,7**	**0,7**	**0,7**	**0,7**	**0,7**	**0,7**	**0,7**	**0,7**	**0,7**	**8,3**
Personal	(0,0)	(0,0)	(0,0)	(0,0)	(0,0)	(0,0)	(0,0)	(0,0)	(0,0)	(0,0)	(0,0)	(0,0)	(0,3)
Otros gastos de explotación	(0,0)	(0,0)	(0,0)	(0,0)	(0,0)	(0,0)	(0,0)	(0,0)	(0,0)	(0,0)	(0,0)	(0,0)	(0,0)
Arrendamientos	(0,0)	(0,0)	(0,0)	(0,0)	(0,0)	(0,0)	(0,0)	(0,0)	(0,0)	(0,0)	(0,0)	(0,0)	(0,0)
Reparaciones	(0,3)	(0,3)	(0,3)	(0,3)	(0,3)	(0,3)	(0,3)	(0,3)	(0,3)	(0,3)	(0,3)	(0,3)	(3,6)
Asesorías	(0,0)	(0,0)	(0,0)	(0,0)	(0,0)	(0,0)	(0,0)	(0,0)	(0,0)	(0,0)	(0,0)	(0,0)	(0,0)
Comunicación	(0,0)	(0,0)	(0,0)	(0,0)	(0,0)	(0,0)	(0,0)	(0,0)	(0,0)	(0,0)	(0,0)	(0,0)	(0,0)
Publicidad	(0,0)	(0,0)	(0,0)	(0,0)	(0,0)	(0,0)	(0,0)	(0,0)	(0,0)	(0,0)	(0,0)	(0,0)	(0,0)
Viajes y hoteles	(0,0)	(0,0)	(0,0)	(0,0)	(0,0)	(0,0)	(0,0)	(0,0)	(0,0)	(0,0)	(0,0)	(0,0)	(0,0)
Seguros	(0,0)	(0,0)	(0,0)	(0,0)	(0,0)	(0,0)	(0,0)	(0,0)	(0,0)	(0,0)	(0,0)	(0,0)	(0,1)
Gastos I+D	(0,0)	(0,0)	(0,0)	(0,0)	(0,0)	(0,0)	(0,0)	(0,0)	(0,0)	(0,0)	(0,0)	(0,0)	(0,0)
Gastos diversos	(0,0)	(0,0)	(0,0)	(0,0)	(0,0)	(0,0)	(0,0)	(0,0)	(0,0)	(0,0)	(0,0)	(0,0)	(0,0)
Ajustes ebitda	(0,0)	(0,0)	(0,0)	(0,0)	(0,0)	(0,0)	(0,0)	(0,0)	(0,0)	(0,0)	(0,0)	(0,0)	(0,0)
Ebitda transporte	**0,3**	**0,3**	**0,3**	**0,3**	**0,3**	**0,3**	**0,3**	**0,3**	**0,3**	**0,3**	**0,3**	**0,3**	**4,1**
Amortizaciones	(0,0)	(0,0)	(0,0)	(0,0)	(0,0)	(0,0)	(0,0)	(0,0)	(0,0)	(0,0)	(0,0)	(0,0)	(0,0)
EBIT	**0,3**	**0,3**	**0,3**	**0,3**	**0,3**	**0,3**	**0,3**	**0,3**	**0,3**	**0,3**	**0,3**	**0,3**	**4,1**
Resultados enajenacion y deterioro inmov.	(0,0)	(0,0)	(0,0)	(0,0)	(0,0)	(0,0)	(0,0)	(0,0)	(0,0)	(0,0)	(0,0)	(0,0)	(0,0)
Provisión deterioro fondo de comercio	0,0	0,0	0,0	0,0	0,0	0,0	0,0	0,0	0,0	0,0	0,0	0,0	0,0
Resultados excepcionales	0,0	0,0	0,0	0,0	0,0	0,0	0,0	0,0	0,0	0,0	0,0	0,0	0,0
Remuneraciones consejo	(0,0)	(0,0)	(0,0)	(0,0)	(0,0)	(0,0)	(0,0)	(0,0)	(0,0)	(0,0)	(0,0)	(0,0)	(0,0)
Resultado explotación	**0,3**	**0,3**	**0,3**	**0,3**	**0,3**	**0,3**	**0,3**	**0,3**	**0,3**	**0,3**	**0,3**	**0,3**	**4,1**
Ingresos financieros	0,0	0,0	0,0	0,0	0,0	0,0	0,0	0,0	0,0	0,0	0,0	0,0	0,2
Gastos financieros I	(0,0)	(0,0)	(0,0)	(0,0)	(0,0)	(0,0)	(0,0)	(0,0)	(0,0)	(0,0)	(0,0)	(0,0)	(0,0)
Comisiones	(0,0)	(0,0)	(0,0)	(0,0)	(0,0)	(0,0)	(0,0)	(0,0)	(0,0)	(0,0)	(0,0)	(0,0)	(0,0)
Otros gastos	(0,0)	(0,0)	(0,0)	(0,0)	(0,0)	(0,0)	(0,0)	(0,0)	(0,0)	(0,0)	(0,0)	(0,0)	(0,0)
Prestamo participativo (PPL)	(0,0)	(0,0)	(0,0)	(0,0)	(0,0)	(0,0)	(0,0)	(0,0)	(0,0)	(0,0)	(0,0)	(0,0)	(0,1)
EBT	**0,4**	**0,4**	**0,4**	**0,4**	**0,4**	**0,4**	**0,4**	**0,4**	**0,4**	**0,4**	**0,4**	**0,4**	**4,2**
Impuesto Sociedades	(0,0)	(0,0)	(0,0)	(0,0)	(0,0)	(0,0)	(0,0)	(0,0)	(0,0)	(0,0)	(0,0)	(0,0)	(0,0)
Otros impuestos	(0,0)	(0,0)	(0,0)	(0,0)	(0,0)	(0,0)	(0,0)	(0,0)	(0,0)	(0,0)	(0,0)	(0,0)	(0,0)
Rendimiento neto	**0,3**	**0,3**	**0,3**	**0,3**	**0,3**	**0,3**	**0,3**	**0,3**	**0,3**	**0,3**	**0,3**	**0,3**	**4,2**
De operaciones continuadas	(0,0)	(0,0)	(0,0)	(0,0)	(0,0)	(0,0)	(0,0)	(0,0)	(0,0)	(0,0)	(0,0)	(0,0)	(0,0)
De operaciones no continuadas	(0,0)	(0,0)	(0,0)	(0,0)	(0,0)	(0,0)	(0,0)	(0,0)	(0,0)	(0,0)	(0,0)	(0,0)	(0,0)
Rendimientos minoritarios	(0,0)	(0,0)	(0,0)	(0,0)	(0,0)	(0,0)	(0,0)	(0,0)	(0,0)	(0,0)	(0,0)	(0,0)	(0,0)
Rendimiento atribuible	**0,3**	**0,3**	**0,3**	**0,3**	**0,3**	**0,3**	**0,3**	**0,3**	**0,3**	**0,3**	**0,3**	**0,3**	**4,1**

Véanse la ficha A1 ¿Cómo calcular el presupuesto de un área o departamento?
y la ficha A9 ¿Qué es el ebitda y cómo contribuir a su mejora?

Anexo a2. Ejemplo de KPI individual

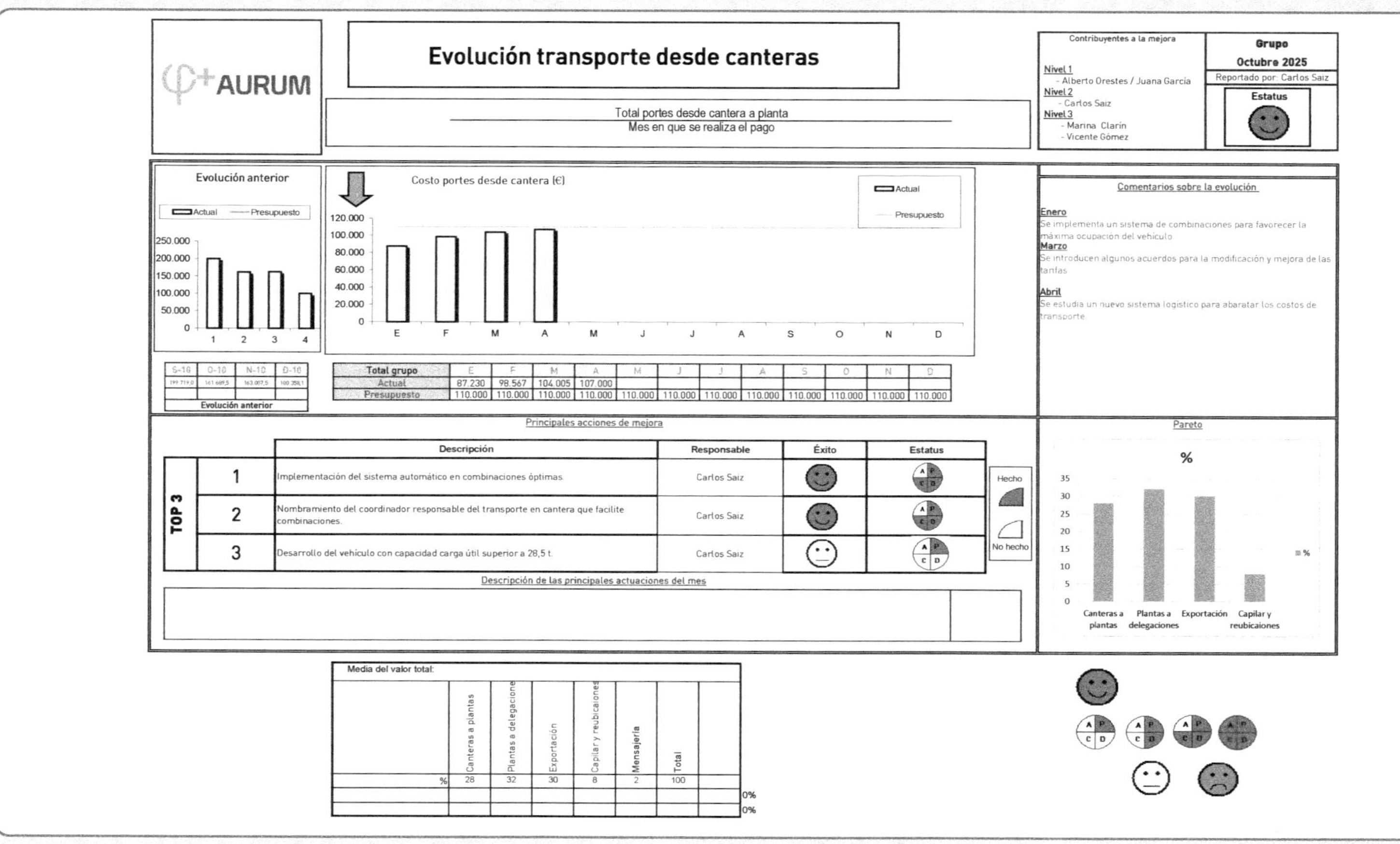

Total grupo	E	F	M	A	M	J	J	A	S	O	N	D
Actual	87.230	98.567	104.005	107.000								
Presupuesto	110.000	110.000	110.000	110.000	110.000	110.000	110.000	110.000	110.000	110.000	110.000	110.000

		Descripción	Responsable	Éxito	Estatus
TOP 3	1	Implementación del sistema automático en combinaciones óptimas.	Carlos Saiz		
	2	Nombramiento del coordinador responsable del transporte en cantera que facilite combinaciones.	Carlos Saiz		
	3	Desarrollo del vehículo con capacidad carga útil superior a 28,5 t.	Carlos Saiz		

	Canteras a plantas	Plantas a delegaciones	Exportación	Capilar y reubicaciones	Mensajería	Total
%	28	32	30	8	2	100
						0%
						0%

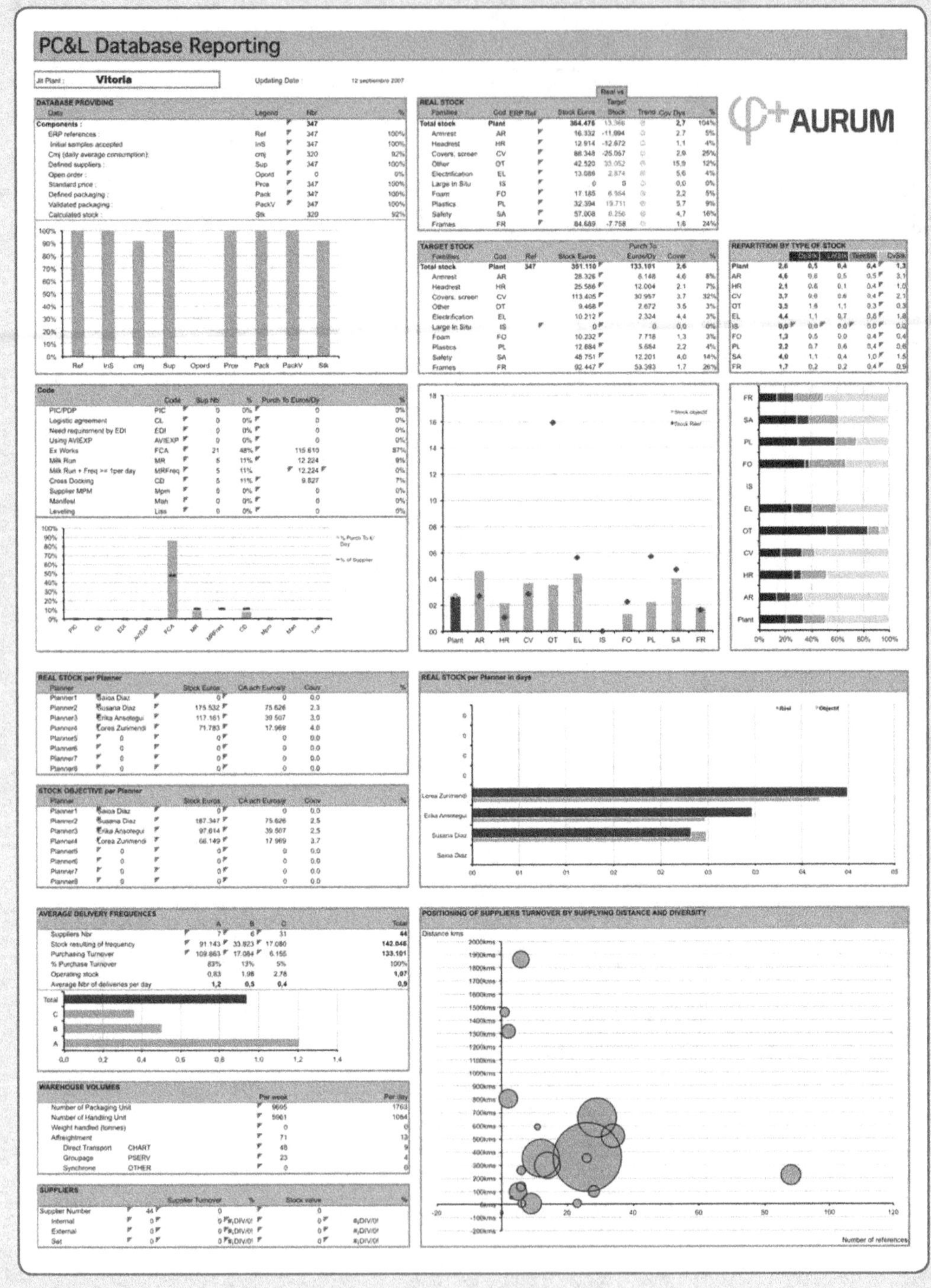

PC&L Database Reporting
AURUM
Véase la ficha A4 ¿Cómo presentar los KPI?

Anexo a4. Ejemplo de cuenta de resultados

Indicadores de gestión
Cuenta de resultados

	Enero			Febrero			Marzo			Abril			Mayo		
	Presupuesto	Real	Desviación	Presupuesto	Real	Desviación	Presupuesto	Real	Desviación	Presupuesto	Real	Desviación	Presupuesto	Real	Desviación
Ventas de transporte	2,7	2,8	0,2												
Iberia	0,9	0,8	(0,1)												
America	0,6	0,6	0,0												
Europa	0,2	0,2	(0,0)												
África y Oriente Medio	0,3	0,5	0,2												
Asia Pacífico	0,6	0,8	0,2												
Otras ventas	0,1	0,0	(0,1)												
Gastos de transporte	(2,0)	(2,0)	(0,1)												
Iberia	(0,8)	(0,7)	0,1												
América	(0,5)	(0,5)	0,0												
Europa	(0,2)	(0,2)	0,0												
África y Oriente Medio	(0,3)	(0,4)	(0,2)												
Otros gastos de transporte	(0,3)	(0,3)	0,0												
Suministros	(0,0)	(0,0)	0,0												
Subcontratación	(0,0)	(0,0)	0,0												
			0,0												
Margen bruto	0,7	0,8	0,1												
Personal	(0,0)	(0,0)	(0,0)												
Otros gastos explotación	(0,0)	(0,0)	0,0												
Arrendamientos	(0,0)	(0,0)	0,0												
Reparaciones	(0,0)	(0,0)	(0,0)												
Asesorías	(0,0)	(0,0)	0,0												
Comunicación	(0,0)	(0,0)	(0,0)												
Publicidad	(0,0)	(0,0)	0,0												
Viajes y hoteles	(0,0)	(0,0)	0,0												
Seguros	(0,0)	(0,0)	0,0												
Gastos I+D	(0,0)	(0,0)	(0,0)												
Gastos diversos	(0,0)	(0,0)	(0,0)												
Ajustes ebitda	(0,0)	(0,0)	(0,0)												
Ebitda transporte	0,6	0,7	0,1												
Amortizaciones	(0,0)	(0,0)	0,0												
EBIT	0,6	0,7	0,1												
Resultados enajenacion y deterioro inmovil	(0,0)	(0,0)	(0,0)												
Provisión deterioro fondo de comercio	0,0	0,0	0,0												
Resultados excepcionales	0,0	0,0	0,0												
Remuneraciones consejo	(0,0)	(0,0)	(0,0)												
Resultado explotación	0,6	0,7	0,1												
Ingresos financieros	0,0	0,0	0,0												
Gastos financieros I	(0,0)	(0,0)	0,0												
Comisiones	(0,0)	(0,0)	0,0												
Otros gastos	(0,0)	(0,0)	0,0												
Prestamo participativo (PPL)	(0,0)	(0,0)	0,0												
EBT	0,6	0,7	0,1												
Impuesto Sociedades	(0,0)	(0,0)	0,0												
Otros impuestos	(0,0)	(0,0)	0,0												
Rdo. Neto.	0,6	0,7	0,1												
De operaciones continuadas	(0,0)	(0,0)	0,0												
De operaciones no continuadas	(0,0)	(0,0)	0,0												
Rendimientos minoritarios	(0,0)	(0,0)	0,0												
Rendimiento atribuible	0,6	0,7	0,1												

Véase la ficha A9 ¿Qué es el ebitda y cómo contribuir a su mejora?

Anexo a5. Ejemplo de informe o consulta en hoja de cálculo

Surtido	Planta	Material	Puerto de origen	País	Tipo de transporte	Términos de la compra	Densidad	Flete €/t	Descarga +T3 €/t	Terrestre €/t	Total transporte €/m3	Flete	FOB (menos transporte)	FOB (transporte)	Total
Sí	N-8	Verde Coto	Vitoria	Brasil	Contenedor	FOB	4	71,82 €	18,18 €	6,82 €	384,50 €	1.580,00 €	400,00 €	150,00 €	2.114,73 €
Sí	N-8	Verde Lara	Vitoria	Brasil	Contenedor	FOB	4	71,82 €	18,18 €	6,82 €	384,50 €	1.580,00 €	400,00 €	150,00 €	2.114,73 €
Sí	N-8	Verde Ubatuba	Vitoria	Brasil	Contenedor	FOB	4	71,82 €	18,18 €	6,82 €	384,50 €	1.580,00 €	400,00 €	150,00 €	2.114,73 €
Sí	N-8	Verde Savana	Vitoria	Brasil	Contenedor	FOB	4	71,82 €	18,18 €	6,82 €	384,50 €	1.580,00 €	400,00 €	150,00 €	2.114,73 €
Sí	N-8	Solarius	Vitoria	Brasil	Contenedor	FOB	4	71,82 €	18,18 €	6,82 €	384,50 €	1.580,00 €	400,00 €	150,00 €	2.114,73 €
Sí	N-8	Lennon	Vitoria	Brasil	Contenedor	FOB	4	71,82 €	18,18 €	6,82 €	384,50 €	1.580,00 €	400,00 €	150,00 €	2.114,73 €
Sí	N-8	Delicatus	Vitoria	Brasil	Contenedor	FOB	4	71,82 €	18,18 €	6,82 €	384,50 €	1.580,00 €	400,00 €	150,00 €	2.114,73 €
Sí	N-8	Marisma	Vitoria	Brasil	Contenedor	FOB	4	71,82 €	18,18 €	6,82 €	384,50 €	1.580,00 €	400,00 €	150,00 €	2.114,73 €
Sí	N-8	Matrix/titanium	Suape	Brasil	Contenedor	FOB	4	62,27 €	17,27 €	6,82 €	339,08 €	1.370,00 €	380,00 €	150,00 €	1.864,92 €
Sí	N-8	Verde Imperial	Suape	Brasil	Contenedor	FOB	4	62,27 €	17,27 €	6,82 €	339,08 €	1.370,00 €	380,00 €	150,00 €	1.864,92 €
Sí	N-8	Juparaiba	Suape	Brasil	Contenedor	FOB	4	62,27 €	17,27 €	6,82 €	339,08 €	1.370,00 €	380,00 €	150,00 €	1.864,92 €
	N-8	Multicolor Rojo	Chennai	India	Contenedor	FOB	4,2	71,36 €	17,05 €	6,82 €	439,09 €	1.570,00 €	375,00 €	150,00 €	2.300,00 €
	N-8	Negro K.R.	Chennai	India	Contenedor	FOB	4,2	71,36 €	17,05 €	6,82 €	439,09 €	1.570,00 €	375,00 €	150,00 €	2.300,00 €
	N-8	Kashmir Gold	Tuticorin	India	Contenedor	FOB	4,2	71,36 €	17,05 €	6,82 €	399,95 €	1.570,00 €	375,00 €	150,00 €	2.095,00 €
	N-8	River White	Tuticorin	India	Contenedor	FOB	4,2	71,36 €	17,05 €	6,82 €	399,95 €	1.570,00 €	375,00 €	150,00 €	2.095,00 €
	N-8	Shivakashi	Tuticorin	India	Contenedor	FOB	4,2	71,36 €	17,05 €	6,82 €	399,95 €	1.570,00 €	375,00 €	150,00 €	2.095,00 €
	N-8	Azul Vizag	Vizag	India	Contenedor	FOB	4,2	61,82 €	17,05 €	6,82 €	359,86 €	1.360,00 €	375,00 €	150,00 €	1.885,00 €
Sí	N-8	Multicolor Rojo	Chennai	India	Bodega	FOB	4,2	50,61 €	12,12 €	3,60 €	278,59 €				
Sí	N-8	Negro K.R.	Chennai	India	Bodega	FOB	4,2	50,61 €	12,12 €	3,60 €	278,59 €				
Sí	N-8	Kashmir Gold	Tuticorin	India	Bodega	FOB	4,2	50,61 €	12,12 €	3,60 €	278,59 €				
Sí	N-8	River White	Tuticorin	India	Bodega	FOB	4,2	50,61 €	12,12 €	3,60 €	278,59 €				
Sí	N-8	Shivakashi	Tuticorin	India	Bodega	FOB	4,2	50,61 €	12,12 €	3,60 €	278,59 €				
Sí	N-8	Azul Vizag	Vizag	India	Bodega	FOB	4,2	50,61 €	12,12 €	3,60 €	278,59 €				
Sí	N-8	Royal Green	Santos	Brasil	Contenedor	En el puerto de Alicante	4				15,60 €				
Sí	POR	Negro Angola	Namibe	Angola	Bodega	CIF Vigo/DDU Vigo	3,8		7,68 €	3,30 €	41,72 €				
Sí	POR	Marrón Cohiba	Namibe	Angola	Bodega	DDU Vigo	3,8			3,30 €	12,54 €				
Sí	POR	Silver Black	Namibe	Angola	Bodega	En n/fábrica	3,8				0,00 €				
Sí	POR	Negro Sudáfrica	Richards Bay	Sudáfrica	Bodega	CIF Vigo	3,8		7,79 €	3,30 €	42,14 €				
Sí	POR	Negro Zimbabwe	Beira	Mozambique	Bodega	CIF Vigo	3,8		7,79 €	3,30 €	42,14 €				
Sí	POR	Marrón Báltico	Kotka	Finlandia	Bodega	FOB	3,5	33,43 €	7,68 €	3,30 €	155,44 €				
Sí	POR	Rojo Águila	Kotka	Finlandia	Bodega	FOB	3,5	33,43 €	7,68 €	3,30 €	155,44 €				
Sí	POR	Rojo Balmoral	Turku	Finlandia	Bodega	FOB	3,5	33,43 €	7,68 €	3,30 €	155,44 €				
Sí	POR	Labrador Claro	Larvik	Noruega	Bodega	FOB	3,5	23,31 €	7,68 €	3,30 €	120,02 €				
Sí	POR	Labrador Oscuro	Larvik	Noruega	Bodega	FOB	3,5	23,31 €	7,68 €	3,30 €	120,02 €				
Sí	POR	Marina Blue Star	Larvik	Noruega	Bodega	FOB	3,5	23,31 €	7,68 €	3,30 €	120,02 €				
Sí	N-8	Blanco Ibiza	Izmir	Turquía	Contenedor	FOB	3,5		16,36 €	6,82 €	81,14 €	576,00 €	360,00 €	150,00 €	1.105,06 €
Sí	N-8	Travertino Turco	Izmir	Turquía	Contenedor	FOB	3,5		16,36 €	6,82 €	81,14 €	576,00 €	360,00 €	150,00 €	1.105,06 €

Véase la ficha A21 ¿Qué formatos de emisión de reportes se pueden usar en logística?

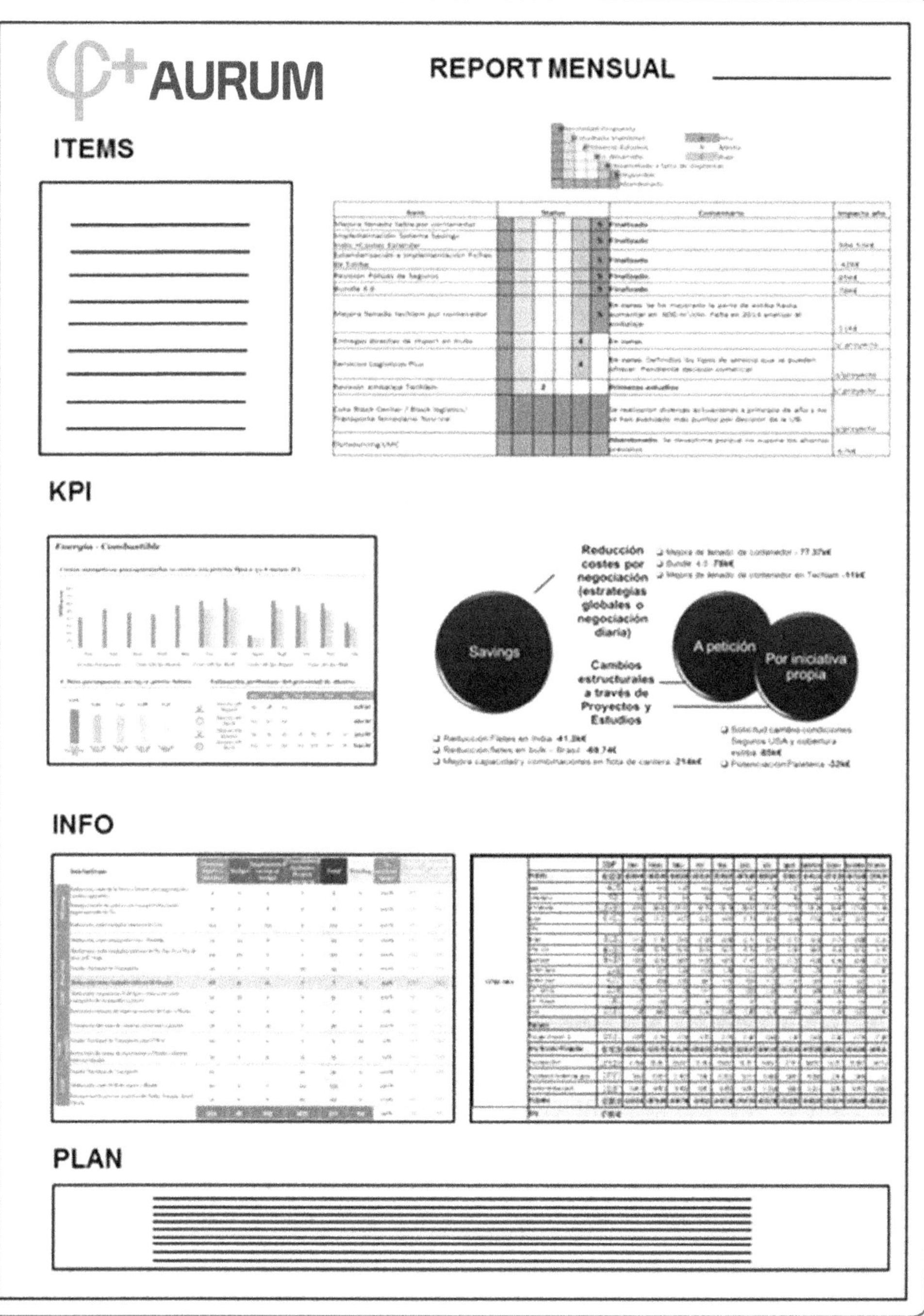

Véase la ficha A21 ¿Qué formatos de emisión de reportes se pueden usar en logística?

Negociación para el comercio internacional
Cristina Peña Andrés

Manual del manipulador de alimentos
Blas Gómez

Manual de gestión del transporte y la logística
Lander Tolosa

La economía social y solidaria en Barcelona
Anna Fernàndez, Ivan Miró

Manual de seguridad en el trabajo
Marge Books

**Cómo innovar en las pymes.
Manual de mejora a través de la innovación**
Alberto Tundidor Díaz

**Guía documental para exportar e importar.
Los 12 documentos clave**
Alberto García Trius

**Mass customization.
Las claves de la personalización masiva**
Blas Gómez Gómez

**Crédito documentario. Guía para el éxito
en su gestión**
Cristina Peña Andrés, Amelia de Andrés Leal

Guía práctica de las reglas Incoterms® 2010
David Soler

**Certificación Lean Six Sigma Green Belt
para la excelencia en los negocios**
Lean Six Sigma Institute, SC

**Certificación Lean Six Sigma Yellow Belt
para la excelencia en los negocios**
Lean Six Sigma Institute, SC

**Negociación intercultural. Estrategias
y técnicas de negociación internacional**
Domingo Cabeza, Pelayo Corella, Carlos Jiménez

**Las reglas Incoterms® 2010. Manual para
usarlas con eficacia**
Alfonso Cabrera Cánovas

**Regímenes aduaneros económicos y procesos
logísticos en el comercio internacional**
Pedro Coll

**Inglés náutico normalizado para
las comunicaciones marítimas**
José Manuel Díaz Pérez

Shipping & Commercial Case Law
Albert Badia

Gestión medioambiental en la industria
José M.ª Suris

Gestión financiera del comercio internacional
Josep M.ª Casadejús

**Manual de gestión aduanera. Normativas
del comercio internacional y modelos
de integración económica**
Pedro Coll

Los abordajes en la mar
Carlos F. Salinas

**El desorden sanitario tiene cura.
Desde la seguridad del paciente hasta
la sostenibilidad del sistema sanitario
con la gestión por procesos**
Rajaram Govindarajan

**Gestión y liderazgo en una empresa
de seguros**
Simón Mahfoud y Digna Peña

Avda. Alcalde Moix, 28 – 08207 Sabadell (Barcelona) – Tel. +34-931 429 486 – marge@margebooks.com – www.margebooks.com